小红书运营

爆款内容 + 实操案例 + 高效种草 + 引流变现

秋叶 姜梅 著

北京大学出版社
PEKING UNIVERSITY PRESS

内 容 提 要

随着"种草"一词的爆火,"种草"社区小红书被越来越多的年轻人喜爱。小红书也正在成为企业、品牌、商家、KOC"种草"和KOL扩散的必备平台。那么作为普通人,如何在小红书上掘金?

本书主要介绍小红书的平台红利、价值、KOC、KOL的经验分享,如何打造爆款"种草"笔记,以及企业/品牌号、素人号、引流号如何在小红书掘金,一次性帮你解决所有关于小红书的问题,让普通人也能在小红书上掘金。

本书适合错过抖音、B站红利,想抓住机遇的你;适合想赚取第一桶金的你;适合想推广自己产品的创业者、新媒体人及商家、品牌、企业。

图书在版编目(CIP)数据

小红书运营:爆款内容+实操案例+高效种草+引流变现 / 秋叶, 姜梅著. — 北京:北京大学出版社, 2022.8
ISBN 978-7-301-33155-2

Ⅰ.①小… Ⅱ.①秋… ②姜… Ⅲ.①网络营销 Ⅳ.①F713.365.2

中国版本图书馆CIP数据核字(2022)第120762号

书　　　名	小红书运营:爆款内容+实操案例+高效种草+引流变现 XIAOHONGSHU YUNYING: BAOKUAN NEIRONG+SHICAO ANLI+GAOXIAO ZHONGCAO+YINLIU BIANXIAN
著作责任者	秋 叶 姜 梅 著
责任编辑	王继伟 杨 爽
标准书号	ISBN 978-7-301-33155-2
出版发行	北京大学出版社
地　　　址	北京市海淀区成府路205 号 100871
网　　　址	http://www.pup.cn　　新浪微博:@ 北京大学出版社
电子信箱	pup7@ pup.cn
电　　　话	邮购部 010-62752015　发行部 010-62750672　编辑部 010-62570390
印 刷 者	三河市博文印刷有限公司
经 销 者	新华书店
	787毫米×1092毫米　32开本　7印张　241千字 2022年8月第1版　2023年3月第3次印刷
印　　　数	9001–13000册
定　　　价	58.00 元

未经许可,不得以任何方式复制或抄袭本书之部分或全部内容。
版权所有,侵权必究
举报电话: 010-62752024　电子信箱: fd@pup.pku.edu.cn
图书如有印装质量问题,请与出版部联系,电话: 010-62756370

前言

"2亿人的生活经验,都在小红书!"随着小红书品牌代言人的循环口播,我们不难感受到,已经走出"海外购物分享社区"限制圈的小红书,正在努力地将新定位传达给更多用户。

一直以来,笔者都十分关注这个年轻平台的成长。从"找到国外的好东西"到"全世界的好生活",再到"标记我的生活",当这个Slogan(口号)不断变化的生活式分享平台,终于将目光下沉到普通人的生活日常时,笔者知道,它"成熟"了。

2021年11月,小红书又完成了一轮融资,市场估值高达200亿美元,远远超过知乎、微博等老牌社交平台。各大资本之所以重金押注小红书,是因为看到了小红书内容社区蕴含的强大"种草"力和变现力。

在小红书,没有什么是不能被"种草"的,美妆用品、穿搭服饰、美食店铺、旅游景点……几乎所有能在小红书上分享的事物,都有成功"种草"的可能。尤其是重度依赖各类攻略的用户群体,甚至出现了"遇事不决小红书"的现象。

对于不少用户而言,小红书已经成为实用且真实的生活指南。与其他娱乐平台的内容不同,小红书的笔记真实还原了笔记内容在生活中的实用价值,基于个人体验的分享行为,无疑会为内容带来更高的可信度与可行性。因此,当用户浏览某个"种草"内容时,会在无形中对一些产品产生认同感和购买欲望。无论用户是否完成了消费行为,对于品牌和分享者而言,就已经实现了初步占领用户心智的目标。

不少看到这一优势的品牌和个人纷纷入局小红书,希望能借助其强大的"种草"能力,在平台上掘金。大家的热情如此高涨,也是因为几年前伴随着小红书成长的第一批入局者,早已尝到了首波红利的"甜头"。

比如某美妆品牌凭借在小红书上的强势营销,从籍籍无名变为家喻户晓,产品销量与知名度都远远超过了众多国际美妆大牌;再如某服装品牌,由于在小红书抓住了女性群体的注意力,产品销量大幅增长,大大提升了品牌变现能力……

有人欢喜有人忧,很多人虽然跃跃欲试,却没能成功起步,他们很疑惑,同样是做小红书,为什么自己的流量起不来?同样是内容分享,为什么别人的笔记点赞量那么高?为什么账号流量很大,却始终无法变现?

以上种种,归根结底是因为他们在成为小红书运营者后,并没有掌握正确的方法。

在瞬息万变的时代,如果我们不能及时调整方法,适应新的环境,让自己的"嗅觉"灵敏起来,就只能错失掘金机会,在小红书上黯然退场。

在帮助学员掘金小红书的过程中,笔者总结了许多方法,也见证了许多人的成功。为了能让更多小红书运营者"乘风破浪",笔者萌生了撰写本书的想法。笔者和学员们调研了市场上与小红书相关的图书,发现这些书大多缺少详细的案例,方法不能直接落地。于是,笔者将自己指导学员运营小红书的方法梳理成文,希望能给正在运营小红书的读者更多方法上的启迪。

本书具有如下特点。

【活学活用的案例】本书在佐证相关论点时,列举了丰富的实操案例与客观数据,通过剖析案例,让读者活学活用。

【简单直接的语言】本书语言简单直接，开门见山地引出论点，让读者能快速抓住重点，获取知识技能。

【鞭辟入里的方法论】本书在讲解方法时，并非浅尝辄止，而是通过鞭辟入里的剖析，由浅入深地讲解各类方法。相较其他同类图书，本书内容更具深度。

本书适用的读者群体广泛，无论是运营新手还是具备小红书运营经验的人，无论是素人还是企业品牌，都能有所收获。所有错过2013年的微博、2015年的公众号、2018年的抖音等风口的自媒体运营者，不能再错过2022年的小红书。

罗振宇在一次跨年演讲中说过，在小红书上能够看到中国的"生活观"。小红书正在成为中国网民最重要的生活分享平台之一，在小红书记录的千姿百态的生活背后，是无数年轻人对生活的热情。

在小红书蓬勃发展的势头下，我们仍旧需要以饱满的热情、良好的心态、专注的态度投入其中。笔者由衷地希望这本书能成为小红书运营者常备案头的工具书，也希望每一位读者都能有所收获，少走弯路。

美国艺术家安迪·沃霍尔说过，在未来，每个人都有机会成名15分钟。在流量大、传播速度快的小红书上，更是如此。对于自媒体运营者而言，此刻入局小红书，采用正确的运营方法，定能在小红书这片蓝海中成功掘金。

目录

CONTENTS

第1章 为什么选择小红书 ... 001

1.1 小红书的"种草经济" ... 001
- 1.1.1 流量优势：海量的曝光与转化 ... 003
- 1.1.2 用户优势：有众多购买力较强的年轻女性用户 ... 005
- 1.1.3 社区优势：多元化的内容生态圈 ... 007
- 1.1.4 创作优势：门槛低，上手简单 ... 009

1.2 小红书的多元"种草"红利 ... 012
- 1.2.1 图文"种草"：最具生命力的表达 ... 012
- 1.2.2 视频号"种草"：15分钟标记你的生活 ... 013
- 1.2.3 直播"种草"：打造平台交易闭环 ... 015

1.3 小红书与其他内容平台的区别 ... 018
- 1.3.1 小红书 VS 知乎：分享生活 VS 分享知识 ... 018
- 1.3.2 小红书 VS 抖音："种草"为主 VS 趣味为主 ... 019
- 1.3.3 小红书 VS bilibili：UGC 分享 VS PGC 分享 ... 021

第 2 章 那些小红书博主都是如何火起来的 023

2.1 美妆类：一个月涨粉 50 万的美妆 KOL 023
- 2.1.1 直述痛点，效果直观 024
- 2.1.2 打磨话术，强化说服力 026
- 2.1.3 内容真诚，观众缘强 027
- 2.1.4 先驳后立，打造干货 IP 029

2.2 护肤类：60 后阿姨新晋护肤达人 031
- 2.2.1 封面、标题吸睛，戳中用户痛点 032
- 2.2.2 条理清晰，干货满满 034
- 2.2.3 注重互动，增强粉丝黏性 037
- 2.2.4 选题接地气，贴近年轻人生活 038

2.3 教育类：获赞千万的英语老师 039
- 2.3.1 设计账号，塑造立体形象 039
- 2.3.2 活用标题，吸引更多用户 040
- 2.3.3 内容专业，聚焦用户价值 042

2.4 美食类：是家庭主妇，也是头部博主 045
- 2.4.1 聚焦美食制作，画风清新舒适 046
- 2.4.2 打造双重身份，获得女性青睐 048
- 2.4.3 记录生活日常，传递爱与温暖 049

2.5 健身类：百万人的健康塑形教练 051
- 2.5.1 拒绝同质化内容，追求独特性 051
- 2.5.2 另辟蹊径，在热圈里关照"冷门"受众 053

2.5.3　还原课堂，让跟练更正式 054

第3章　笔记内容如何霸屏小红书 056

3.1　小红书里什么内容更吸引人 056
3.1.1　"种草"：购物分享 057
3.1.2　"拔草"：雷区勿入 060
3.1.3　干货：实用技巧 062
3.1.4　趣味：快乐至上 066
3.1.5　生活日常：人间真实 068

3.2　小红书爆款笔记三要素 070
3.2.1　标题：眼前一亮 071
3.2.2　封面：赏心悦目 073
3.2.3　正文：干货满满 081

3.3　图文笔记的三大创作思路 084
3.3.1　攻略型笔记：够实用 085
3.3.2　知识型笔记：可复制 086
3.3.3　技术型笔记：能落地 088

3.4　视频笔记的三大创作定律 089
3.4.1　"黄金三秒"定律 090
3.4.2　"利益承诺"定律 092
3.4.3　"台词标签"定律 094

3.5 让笔记上热门的四大准则 097
3.5.1 保证笔记被收录 097
3.5.2 全面布局关键词 098
3.5.3 固定发布时间 102
3.5.4 增强多方互动 104

3.6 小红书账号避雷指南 105
3.6.1 运营小红书账号的五大谣言 106
3.6.2 运营小红书账号的六条红线 109
3.6.3 账号被判违规后的处理办法 113

第4章 素人号如何掘金小红书 115

4.1 哪些领域适合"素人号" 115
4.1.1 美食领域 116
4.1.2 家居领域 120
4.1.3 个人成长领域 125

4.2 "素人号"掘金小红书的三大步骤 129
4.2.1 第一步：测试选题 129
4.2.2 第二步：笔记铺量 133
4.2.3 第三步：精准运营 135

4.3 "素人号"的两大变现方式 138
4.3.1 广告变现 138
4.3.2 带货变现 142

第5章 引流号如何掘金小红书 146

5.1 养号篇：模拟真人操作的前期准备 146
5.1.1 包装账号 147
5.1.2 关注官方账号 153
5.1.3 关注同行笔记 156

5.2 内容篇：最适合引流号的两种爆文 157
5.2.1 测评类笔记 157
5.2.2 合集类笔记 160

5.3 引流篇：四大方法，让引流更简单 164
5.3.1 简介引导 165
5.3.2 巧用标签 166
5.3.3 笔记置顶 167
5.3.4 创建群聊 168

5.4 变现篇：引流号变现的三大方法 170
5.4.1 店铺引流变现 170
5.4.2 社群引流变现 172
5.4.3 评论、私信引流变现 172

第6章 品牌号如何掘金小红书 174

6.1 哪些品牌适合入驻小红书 174
6.1.1 美妆品牌 175

- 6.1.2 服饰品牌 177
- 6.1.3 母婴品牌 179
- 6.1.4 摄影品牌 181

6.2 品牌如何在小红书"种草"营销 183
- 6.2.1 "种草"营销的三大原则 183
- 6.2.2 "种草"营销的三大方式 186
- 6.2.3 "种草"营销的三大技巧 188

6.3 品牌如何利用达人进行投放 190
- 6.3.1 优化达人筛选方式 190
- 6.3.2 三种主流达人投放模型 194

6.4 品牌的两大变现方法 197
- 6.4.1 直播变现 197
- 6.4.2 社群变现 200

6.5 四类品牌在小红书的榜样玩法 201
- 6.5.1 美妆品牌："PKCKS"玩法 201
- 6.5.2 母婴品牌："产品+造势"玩法 205
- 6.5.3 服饰品牌："定位+内容+引流"玩法 207
- 6.5.4 摄影品牌："场景+反向描述"玩法 209

后记 211

第1章
为什么选择小红书

小红书是当前十分热门的信息分享平台，受到很多年轻人，尤其是年轻女性的青睐，它有着其他平台无可比拟的优势。除用户比较集中外，小红书还有哪些优势呢？本章将详细阐述小红书的四大优势，并对小红书的"种草"红利进行深度剖析，全面解读小红书为什么值得入局。

1.1 小红书的"种草经济"

"在品牌打造的过程中，小红书能够创造的价值也是无可比拟的。小红书聚集了一批最时尚、最挑剔的年轻用户及 KOL（关键意见领袖），对我们来说，如果能够服务好小红书的用户，得到小红书用户的认可，那么我们对于这款产品上市之后的表现会有更强的信心。"广州逸仙电子商务有限公司（简称逸仙电商）的创始人兼 CEO（首席执行官）黄锦峰在一次采访中如是说。

逸仙电商就是近几年火爆全网的国货美妆品牌"完美日记"的母公司。这是一家成立于 2016 年的互联网创业公司，2017 年孵化出"完美日记"这一品牌后，首先选择了天猫作为自己的主销渠道，但是产品上线几个月，销量并不突出。

一次偶然的机会，完美日记注意到了小红书。经过尝试，完美日记决定将小红书作为自己营销宣传的重点渠道，并于2018年2月正式开始在小红书投放广告。因为投放力度较大、范围较广，到2018年11月，小红书上"完美日记"的相关搜索量比投放之前增长了12倍，促进了其产品销量的直线上涨。当年"双十一"期间，完美日记的销售额更是突破亿元大关，成为天猫彩妆销量第一的品牌。

小红书为什么能给予完美日记如此大的助力？让一个名不见经传的新品牌在这么短的时间内声名鹊起，实现知名度和销量的双丰收？说到底，还得归功于小红书独有的"种草"优势。

"种草"与"拔草"，催生了"新消费"浪潮。作为网络流行语，此"种草"非彼"种草"，不是要去栽花种树，而是泛指把一样事物推荐给另一个人，让其他人喜欢这个事物的过程，围绕它所产生的经济活动也被称为"种草经济"，所谓无处不消费，万物皆可"种草"。小红书的商业化版图便是在这一根根"草"中层层破圈的。

小红书"种草"过程如图1-1所示。

图1-1 小红书"种草"过程示意图

"种草"的过程和原理其实并不复杂，只不过能让"种草"成为一个平台的优势却并非易事。小红书之所以能将"种草"发挥到极致，让其成为平台的核心竞争力，主要得益于它的四大优势。

1.1.1 流量优势：海量的曝光与转化

"我现在使用小红书搜索的频率已经超过百度了。"

这句话出自一位小红书的重度用户，她说自从使用了小红书后，几乎再也没有打开过百度，因为小红书所涵盖的内容涉及生活的方方面面，小到穿衣搭配、美妆美食，大到房屋/店面装修、婚礼策划，甚至还有考试经验、职场攻略等内容。她还说："看小红书上的博主'种草'已经成为我日常生活的一个习惯，比较空闲的时候我自己也会分享一些内容到小红书上。"

越来越多的年轻人带着目的涌入小红书，据QuestMobile（中国专业的移动互联网商业智能服务平台）统计，2021年1月24日～2月2日，小红书的日活跃用户数量（Daily Active User，DAU）同比上涨35%，日均使用时长同比增长44.9%，相较之前，小红书的流量优势正在进一步凸显。

这些年轻用户通过搜索相关内容来帮助自己进行消费决策，使得小红书汇聚了大量的流量，与此同时，也使小红书上的笔记内容获得了更多的曝光。以服装这一行业大类下属的羽绒服品类为例，千瓜数据行业流量大盘显示，2021年11月，小红书上与之相关的推广笔记共计13.13万篇，同比上涨94.88%；笔记点赞总数1648.67万，同比上涨30.53%；笔记评论总数223.65万，同比上涨83.56%；笔记收藏总数645.04万，同比上涨49.54%。

众所周知，在众多获取流量的渠道中，搜索流量是最为精准且商业价值最高的，也正因如此，才受到众多广告主和运营者的喜爱。《2022年小红书商业化品牌营销手册》显示，81%的小红书用户在App上搜索、浏览了产品或服务后，产生了购买欲望。而东兴证券在2021年下半年发布的研报显示，90%的小红书用户在购买商品前有过搜索行为，整个小红书平台也有约60%的流量来源于搜索页，搜索流量占首页流量的38%。

也就是说，除了首页的推荐曝光，当一篇笔记中包含的关键词被用户搜索到，这篇笔记就会获得一次新的曝光，被搜索的次数越多，获得的曝光也就越多，这对于小红书账号的运营者来说是非常有利的。

除了海量的曝光，小红书的转化率也是比较高的，一边逛小红书，一边购买商品早已经成为众多小红书用户的常态。

早在2020年11月30日，全球知名消费者洞察和策略咨询公司凯度（Kantar）在其发布的对中国数字广告市场的研究报告中就指出，小红书是当前中国市场广告价值最高的移动数字媒体。这一观点也得到了小红书官方的证实，小红书当年的官方数据显示，广告业务营收在2020年便占到了小红书所有营收的80%。

对于小红书账号运营者来说，这意味着小红书将给他们带来更多的机遇和收益，这一点从小红书达人带货的转化率略高于其他同类型平台也能得到验证。QuestMoblie发布的《2020新国货崛起洞察报告》显示，国内四大主流社交平台微博、抖音、快手和小红书，前三者的带货转化率均未超过10%，而小红书的平均带货转化率却高达21.4%。

以小红书博主"刘小被儿不是盖的"为例，早先她在小红书上分享自己的穿搭心得，积累了一大批粉丝，小红书开通直播功能后，她也进行了尝试。新红数据显示，截至2021年8月，"刘小被儿不是盖的"在小红书已经直播了50余场，其中带货直播占80%，平均销售额约70万元，其中成效最突出的是2021年的第一场直播，直播间一共上架了30多个产品链接，单场GMV[1]竟然突破了100万元。按业内常用的30%的佣金计算，仅这一场直播，博主本人的收入就将近30万元。

当然除了直播，小红书账号运营者还可以通过笔记关联商品的形式来带货，粉丝数量越多、笔记效果越好，得到的收益就越多。

作为一个内容社区平台，小红书一直都在积极探索不同的模式，致力于让平台自身和社区内各方都实现盈利，这对于小红书账号的运营者

1　GMV：商品交易总额，包含付款和未付款两部分。

来说是非常友好的。只要把握好发展机会，在小红书上掘金绝非难事。

1.1.2 用户优势：有众多购买力较强的年轻女性用户

小红书创立于 2013 年，前身是一款名叫"香港购物指南"的应用产品，这款应用产品以海淘信息不对称为切入点，邀请买手在平台上分享海外购物的经验。由于当时市场上没有与其定位相似的产品，所以小红书在创立之初便迅速成为一匹"黑马"，上线仅一年，用户就已经超过了 1500 万。

此后，小红书虽然几经更迭，但从整体来看，发展十分平稳。根据千瓜数据发布的《2022 小红书活跃用户画像趋势报告》，截至 2021 年 11 月，小红书拥有超 2 亿的月活用户，内容分享者已超 4300 万，用户画像如图 1-2 所示。

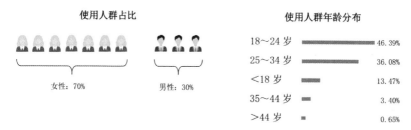

图 1-2 小红书的活跃用户画像

从性别上来看，目前小红书的主要用户群体为女性，占比高达

70%；从年龄上看，目前小红书的用户群体年龄主要集中在18～34岁，这一年龄段的用户占比为82.47%，且年龄在18岁以下的用户占比也已经超过了10%，说明其活跃用户的年轻化趋势正在增强；从地区分布来看，目前小红书的用户群体主要集中在北京、广州、上海、深圳等一线城市，其他分布地区也以二线城市为主。

该报告还指出，生活在一、二线城市的都市白领、职场精英女性是小红书的主要用户群体。一般来说，这类用户的收入普遍较高，购买力较强，且有一定的消费需求，乐于追求更高品质的生活。由此，便可以总结出小红书平台活跃用户的整体特征：以女性用户为主，年轻且购买力强。

通常情况下，比起男性，女性更愿意花费较多的时间和精力反复挑选、比较，只为购买到心仪的商品。腾讯营销洞察联合波士顿咨询公司发布的《2020中国"社交零售"白皮书》显示，56%的女性易被社交媒介激发兴趣，尤其是内容类电商社区和短视频平台；同时，相较于男性，女性更喜欢参考他人对于某件商品的评价，更倾向于利用他人的判断来帮助自己进行决策，所以就更容易被KOL/KOC（关键意见消费者）"种草"，这就为运营者在小红书上"种草"提供了极大的用户优势。

而年轻用户居多的好处在于，用户能为运营者提供诸多灵感。一方面，年轻人可支配的时间较多，有更多的时间和精力可以分配给小红书；另一方面年轻用户的包容性更强，对于很多新事物的接受能力普遍较强，并且更乐于追求时尚和潮流，这有助于运营者在创作内容时打破局限，实现多元化"种草"。

另外，"种草"的本质其实就是营销，因此，如果目标用户不具备较强的购买力，"种草"的终极目的可能会无法达成。而起点课堂的调研数据显示，当前小红书平台的用户平均收入为5000元，收入超过5000元但低于10000元的人群占比为48.45%，整体收入水平较高。这就意味着，当这类用户在平台上被某件商品"种草"时，付费意向和购买能力都会更强,更有利于带来较高的转化。

集女性用户为主、年轻化趋势增强及购买力强这3个用户特点于一身,小红书能帮助运营者实现更便利、更多元、更高效的"种草"和变现。

1.1.3 社区优势:多元化的内容生态圈

西祠胡同[1]创始人曾说过:"互联网从诞生那一天起,就具备社区的特点。"互联网的出现,改变了信息生产、传输和接收的方式,"连接"无疑是互联网的核心功能之一。它把分布在各地的人们紧密地联系在了一起,人们通过互联网创作、分享和消费各种信息和内容。

有人说,如果想拨开中国互联网市场的重重迷雾,就要从互联网社区切入。按照这一观点,小红书可谓走在了"阳光大道"上。从创立之初,小红书走的便是"社区"路线,其创始人瞿芳不止一次提到,小红书就是一个社区。

在小红书这个社区里,"有用"的内容将大家聚集到一起,并逐渐形成了用户与博主之间平等互动的独特社区文化。

小红书社区运营负责人河童曾举过一个例子,有一位拥有300多粉丝的用户发布了一篇去某草莓园买草莓的笔记,收到了70多条私信和评论,问她草莓园的具体位置、老板叫什么、有没有地方停车等。河童认为这是小红书区别于其他社区平台的一大特色,在小红书,用户和博主的交流是平等的,相处更加自然。

作为内容社区,在"种草"方面,小红书又具备哪些优势呢?

一、客观、真实

2021年10月17日,小红书通过其官方公众号发文表示,之后将尝试推出景区评分榜、踩坑榜等,便于用户获取更多元的信息。

消息一出,很多用户表示不愧是小红书,敢于直面质疑、自我剖析,

---

1 西祠胡同:国内首创的网友自行开版、自行管理、自行发展的开放式社区平台,致力于为各地用户提供便捷的生活交流空间与本地生活服务。

始终站在用户的角度,切实维护用户的利益。

在以淘宝为主的电商购物 App 刚进入人们视野的那几年,人们在挑选、购买商品时都会习惯性地打开评价界面,看看购买过此商品的网友对商品的评价,如果差评较多,人们可能就会打消购买此商品的念头。在很长一段时间内,商品下方的评价都是人们决定是否购买商品的关键所在。

但是近几年随着恶意刷评现象的出现,很多人对于这些电商平台自带的商品评价不再信任,可是人们又迫切地希望在电商平台上购物之前能够获取一些关于商品的真实信息,帮助自己更好地进行消费决策,小红书刚好能满足这一需求。

成立之初,小红书通过专业的用户原创内容(User Generated Content,UGC)做购物指南,因其内容可信度高,很快就积累了第一批种子用户,在之后的发展过程中,小红书也始终专注于这一方向,致力于为用户提供真实、客观的评价和分享,并提出了"真诚分享,友好互动"这一社区价值观。

面对铺天盖地的营销推广,人们更愿意听真话,愿意看真实的分享,当虚假的信息不断被剔除,商品的真实面貌被还原,用户对平台和博主的信任程度就会大大增加。当有了信任之后,"种草"就会变得更加容易。

二、多元、包容

提起小红书,很多人对它的印象还是以"她兴趣"为主导的内容种草社区,其内容以美妆、护肤等产品的分享和测评为主。

但事实上,如今的小红书早已走向了更广泛的内容生态圈,除了美妆、护肤之外,其他方面也都有涉猎,包括美食、家居、旅游、健身、读书、母婴等,可以说小红书的内容正在覆盖生活的方方面面。千瓜数据发布的《2021 千瓜活跃用户画像趋势报告(小红书平台)》显示,2021 年,小红书活跃用户关注的焦点正趋于多元化,如图 1-3 所示。

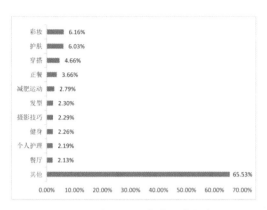

图 1-3 小红书活跃用户关注焦点占比

除此之外,小红书在去中心化这方面也做得很好,平台鼓励各个领域的用户发布笔记,倾听每一位用户的声音,并且在内容推荐时也会充分考虑内容的多样性,无论是多么小众的爱好,在小红书都能找到"同好",这就为平台打造差异化的"种草"营销提供了竞争优势。

在这两个特点的共同作用下,小红书将它的社区优势发挥得淋漓尽致,随着社区产品的圈层不断突破,覆盖的品类和用户越来越多,小红书的社区规模也呈现出倍数增长的态势,"种草"优势越来越突出。

1.1.4 创作优势:门槛低,上手简单

大多数互联网平台对于入驻者都是有一定门槛要求的,如微信公众号、今日头条等对入驻者的写作能力有一定的要求;抖音、快手等短视频平台则对入驻者的视频拍摄、剪辑技术有一定的要求,虽说真正操作起来并不算特别复杂,但还是让很多想要通过互联网平台获得收益的普通人望而却步。

相对而言,小红书的创作门槛是最低的。首先它对写作能力没有太高要求,只要能把一件事情说清楚即可,而且在发布内容时有图文和视频两种形式可以选择,对视频的创作能力也没有特定的要求。

举个例子,某小红书博主是一位家政阿姨,她会在小红书上分享自己做的美食,无论是拍照技术还是文字处理能力都算不上优秀,但即便如此,她还是获得了很多粉丝的喜爱,发布笔记不到 3 个月的时间,就收获了 2.5 万点赞。

该博主的账号主页如图 1-4 所示。

很多互联网达人在运营过好几个平台之后都纷纷表示,小红书是最适合小白的自媒体平台。具体而言,小红书的创作优势主要体现在以下两个方面。

图 1-4 小红书某账号主页

一、各种限制较少

除了刚才提及的写作能力和视频创作能力,小红书在其他方面对博主也没有什么特定的要求,只要创作的内容符合社会规范及小红书社区公约[1]即可。

入驻小红书也不需要支付额外的费用,只要有智能手机、有网络就可以运营,而且和其他平台相比,运营小红书也无须花费过多的时间,每天约 1 小时即可。当前平台上就有很多运营者并不是专职运营小红书账号,而是将其作为自己的副业。

简而言之,只要你想,人人都可以成为小红书博主,只要持之以恒,在小红书上赚取收益不是什么难事。

---

1 小红书社区公约:小红书为规范社区内容制定的相关规则,主要围绕分享和互动两个方面展开,要求小红书用户在平台上做到"真诚分享,友好互动"。

二、算法对新人友好

除却创作门槛低，小红书上手简单还有一个比较重要的原因，那就是它独特的算法机制，对于运营者尤其是新手运营者来说，是非常友好的。

虽然小红书与抖音、知乎等平台一样，都是将作品放在流量池中检测，满足要求就将你的作品推入下一个流量池，以此来帮助你的作品获得更多的曝光。

不过相比于抖音、知乎等平台，小红书还有一个更为突出的优势，即发布笔记不需要有粉丝基础。即便是零粉丝，只要内容优质，作品也会被不断地推送给平台用户，这一点对于新手而言非常友好，如"秋叶写书私房课"的学员赵黎老师（小红书账号ID：赵小黎Grace），入驻小红书5个月，粉丝已经超过5万；还有"秋叶个人品牌IP营"的Frank老师（小红书账号ID：楷哥frank），入驻小红书才两天时间，粉丝不到20个，就有视频笔记成为爆款，点赞数量直线上升……

这样的例子比比皆是。

另外，还有非常重要的一点，小红书是基于用户的搜索行为来进行内容推荐的，也就是说，只要一篇笔记中包含用户搜索的关键词，就有很大的概率会被推荐给用户，而目前小红书有65%的流量来自搜索，其中优势不言而喻。

不需要粉丝基础，基于用户的搜索行为进行推荐，再加上小红书双列信息流[1]的展示界面，这些功能组合在一起能大大增加笔记的曝光率。对于小红书账号的运营者来说，只要有优质的内容，涨粉绝非难事。

---

1 双列信息流：是指在App首页显示左右两栏内容，又可分为双列等高信息流（如淘宝、天猫）和双列错位信息流（如小红书）。

1.2 小红书的多元"种草"红利

"种草"优势显著的小红书,"种草"方式也十分多元,既能以传统图文的方式发布内容,也可以采用当下流行的视频、直播等方式。这些"种草"方式,不仅符合不同运营者的需求,还各具特色,能够帮助小红书运营者获得更多红利。

1.2.1 图文"种草":最具生命力的表达

图文在当下的新媒体平台上似乎不再受到重视,甚至许多平台已经放弃了图文呈现方式,主攻视频、音频等呈现方式。但在小红书上,图文依然是最主要的笔记呈现方式。

为何小红书仍保留着这种相对传统的呈现方式?因为有很大一部分用户打开小红书不是为了消遣娱乐,而是为了进行消费决策,希望能在小红书上得到一些有价值的购物信息,所以他们更喜欢直观、方便、能够第一时间获取信息的图文笔记。

举个例子,假设女大学生小张想购买一款平价且好用的眼线笔,打开小红书搜索"眼线笔"这个关键词后,页面出现许多搜索内容,小张挑选了一个名为《12支平价眼线液笔,跟着买就对了》的图文笔记查看,很快了解了12支平价眼线笔的价格、防水值、显色度等信息,然后根据推荐购买了其中一款眼线笔,整个过程不到三分钟。

如果是视频笔记,稍有走神便会错过信息,需要反复拖动进度条来确认信息,对于想要快速获取信息的小张来说,视频笔记并不如图文笔记方便。

那么,为什么说图文"种草"方式对小红书运营者来说是一种红利呢?

首先是因为图文笔记制作起来更为简单。图文笔记由图片和文字构成,相较于拍摄视频而言,对运营者的拍摄技术要求更低,且不需要进行剪辑,哪怕是新手,也能做得有模有样。这样一来,小红书运营者的工作量会大大减少，因此而产生的人工、拍摄、剪辑等成本也会降低。

其次是因为在小红书上，图文笔记的阅读量比较高。阅读量高的原因，除了上文中提到的图文笔记的优点，还与小红书用户的阅读习惯息息相关。小红书上的笔记内容一直以来就以图文形式居多，大多数用户已经习惯了这种方式，这让图文形式的运营者有了更多机会，比起其他视频平台、文字平台，更容易上手。

最后，图文形式受账号类型和内容风格的影响较小，教程类、经验分享类、穿搭类、知识类、对比类、产品合集类等在小红书上更受青睐的笔记，都可以采用图文形式呈现，方便小红书运营者打造内容。

1.2.2 视频号"种草"：15分钟标记你的生活

2020年8月，小红书视频号正式上线。视频号的发布门槛很低，只要运营者账号粉丝量超过500，发布过1分钟以上时长的视频笔记，没有违反小红书社区的规定，或者在其他平台上具有一定的影响力，就可以申请成为小红书视频号创作者。

小红书视频号的上线打破了小红书以往只能发布不超过1分钟时长视频的限制，将视频时长提升至15分钟，并支持运营者建立视频合集。

这无疑是一种新的突破，虽然图文"种草"是小红书的主流创作方式，但显然越来越多的用户被其他平台培养了观看视频的习惯，且视频比起图文，能够更加直观、生动地传递信息。

当然，这些只是技术层面的红利，对于小红书运营者来说，此次视频号的扶持力度是空前的，小红书宣布拿出百亿商业资源、现金及流量，来激励运营者产出更多优质内容，从而打造一个视频生态更加繁荣的内容社区。

一、流量补贴

据小红书官方消息，早在小红书视频号正式上线之前，小红书就开启了"视频号种子计划"，邀请了100多位优秀运营者提前入驻视频号。

在一个月内，参与计划的腰部运营者普遍收获了超 5 万的粉丝增长，参与计划的运营者日均涨粉最高达 1.2 万。

为了激励运营者，小红书发布了许多视频教学课程，通过布置任务的方式让小红书运营者在完成任务的同时，实现创作进阶，同时小红书还给予大量流量扶持，帮助运营者"涨粉"。

比如小红书运营者"是你们的康康"从外站加入小红书视频号后，得到了小红书官方的流量扶持，40 天涨粉 40 万。以其在小红书上发布的第一条视频笔记为例，小红书官方的流量推广加上具有吸引力的视频内容，发布没多久，这条视频笔记便收获了 3 万多点赞、1 万多评论和 1 万多收藏。

"是你们的康康"也趁热打铁，半年内发布了三百多条视频笔记，内容涵盖了学习干货、社交技巧、星座分析、护肤心得和好物推荐等多个受女性关注的话题，截止到 2022 年 6 月，他在小红书上的粉丝已经达到了 206 万。

二、商业资源

与流量扶持相对应的是商业资源的优化。通过百亿流量加持，小红书运营者得到了更多的曝光与关注，获得了更多的流量。有流量的地方就有商机，品牌商自然不会错过汇聚了诸多流量的小红书视频号。

还是以"是你们的康康"为例，收获百万粉丝后，康康开始不断接到商业广告，在视频中推荐好物，与小红书倡导的将内容、营销和交易相结合的商业化生态十分契合。

除了品牌商主动找上门的合作，小红书还会为视频号运营者进行商业合作推荐，为运营者和品牌商牵线搭桥，帮助双方更快、更好地建立合作关系。

同时，小红书视频号的上线，还加强了 KOL 之间的连接，促进了流量、资源的互换，优化了资源配置。ParkLU[1]曾发文表示，小红书视频号上线后，激活了小红书 KOL 的互动率，仅上线首月，小红书 KOL 平均每篇推文的互动数据同比增长 41%，环比增长 51%。

这些获得或优化商业资源的方式，都依赖于小红书视频号。由此可见，视频种草对小红书运营者而言意义非凡。

1.2.3　直播"种草"：打造平台交易闭环

《互联网江湖》主编刘志刚曾说："内容社区的更高商业形态肯定是内容电商，广告、电商导流的本质都是贩卖流量，而内容电商则深入交易链条。"

可是对内容社区出身的小红书来说，内容电商这条路似乎走得格外艰难。即便月活用户过亿，小红书却一直在为他人"做嫁衣"，用户在小红书完成"种草"，转身在其他平台购物是常态。

对此，亿欧智库总监薄纯敏谈道："目前正品和价格优势在小红书都不是特别明显，消费者也在进化迭代。小红书面对着一群对价格敏感、对消费更理性的年轻用户，却没有提供相应的价格价值，用户自然'种草'之后就会走掉。"

为了适应年轻用户的需求，让更多的用户转化为消费者，深入交易链条，打造平台交易闭环，小红书在经过几番调整之后，也开始尝试直播路线。

但是和其他电商平台的直播有所不同，小红书的直播间并不是以带货为主，而是致力于走出一条差异化之路。其主要特征如下。

一、实时"种草"属性强

小红书前电商负责人杰斯曾公开表示："带货是直播根植于分享属性的社区所带来的结果，而不是目的。"他说，"小红书直播间的主要责任，

---

[1] ParkLU：连接品牌和自媒体博主的平台。

并不是为小红书生产 GMV，而是通过直播来带动新品牌入驻，从而带动整体的交易。"

小红书也的确是这么做的，目前小红书的直播分两种——互动直播和带货直播。其特有的互动直播区别于其他平台的"叫卖"式直播，以分享生活、与用户互动为主要直播内容，交流属性更强。在这样的氛围下，运营者和用户的互动率非常高。千瓜数据显示，无论是互动直播还是带货直播，小红书直播互动率 10% 以上的占比均超过 50%，如图 1-5 所示。

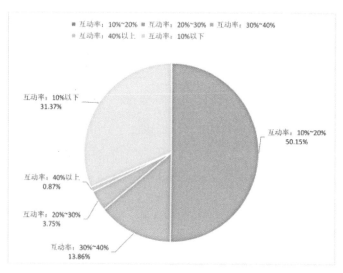

图 1-5 小红书直播场均互动率（数据来源：千瓜数据）

当直播互动率提高时，用户对运营者的信任程度会大大增加，并且会产生很强的代入感和认同感，在这种环境下，实时"种草"的属性非常强，用户也更愿意在直播间下单消费。

并且小红书的主要用户群体是生活在经济较发达地区的都市白领和职场精英女性，这类人群购买力强且消费理念超前，乐于在直播间购物。

实时"种草"属性强及用户的消费能力强，这两个特点为运营者在小红书平台直播创造了极为有利的条件。

二、B2K2C 闭环模式明显

小红书自 2013 年成立以来，由用户原创内容社区转型为跨境电商，之后又转向社区电商，直到 2020 年，小红书才将目光对准 B2K2C 闭环模式。

B2K2C 怎么理解？B 代表平台及平台上的商家，K 代表推手，C 则代表用户。图 1-6 为 B2K2C 的具体运营模式。

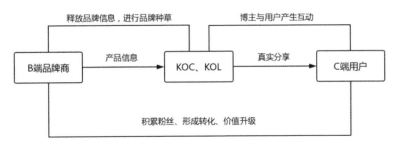

图 1-6 "B2K2C" 的运营模式示意图

B2K2C 模式可以说帮助小红书真正打通了交易闭环。在 B2K2C 模式下，KOL/KOC 起到了非常关键的作用，对于 B 端品牌商来说，通过 KOL/KOC 的分享、推荐，他们可以很好地在平台上树立口碑，从而带动更多 C 端用户产生消费行为；对于 C 端用户来说，KOL/KOC 的分享、推荐能够影响他们的消费决策，为他们带来良好的购物体验。

小红书直播带货等新业务的发展为 KOL/KOC 提供了新的变现工具，KOL/KOC 通过在直播间给用户"种草"，引导用户下单，在收获粉丝的同时还能赚取收益。并且相比小红书视频号"种草"，直播形式带来的收益是即时的，更有吸引力。

和其他电商平台不同的是，用户年轻化、高净值的小红书吸引的更多是高端品牌，如 LV（路易威登）等国际品牌就将直播首秀定在了小红书。相关负责人表示，小红书带货直播具有"三高一低"的特点，即高客单价、高转化率、高复购率和低退货率。对于有一定粉丝基础的博主来说，直播"种草"是一种非常不错的选择。

1.3 小红书与其他内容平台的区别

随着互联网的发展,由互联网衍生而来的新媒体生态圈发生了翻天覆地的变化,这种变化比互联网本身的变化更令人讶异。社交、娱乐、知识等各种各样的网络平台层出不穷,涵盖大众生活、工作的方方面面,其呈现方式也多种多样,有文字、语音、短视频、长视频等。

每个平台之间或多或少有些联系,就像小红书初出茅庐时,大众对其的初步印象也是来自与其他平台的类比,如"种草版淘宝""电商界微博""大众点评 2.0"等。虽然小红书与这些平台有相同之处,但在发展过程中,小红书形成了自己的独特符号,这些符号使得小红书从诸多平台中脱颖而出,获得广大用户的喜爱。

1.3.1 小红书 VS 知乎:分享生活 VS 分享知识

知乎是一个知识问答社区,一上线就以专业优质的问答内容出圈,在人们心中留下"高大上"的印象。

为何要将知乎与小红书进行比较呢?二者看起来全然不同。事实上,虽然知乎与小红书在呈现方式上不尽相同,但本质上都属于沉淀优质内容的平台。用户在使用这个平台时,都希望从中获得有价值的信息,二者的用户群体有一定的重合,因而也有人将小红书称为"都市女青年的知乎"。

内容沉淀和社区氛围是知乎和小红书的立身之本,但显然两者想要沉淀的内容和希望打造的氛围并不相同。知乎更倾向于沉淀高质量知识性内容,吸引更多专业人才入驻,为更多用户提供解决生活、工作、情感问题的方法,从而打造出一种"有问题,就会有答案"的求知氛围;而小红书更多的是分享生活,营造出的是更加温馨、积极的生活气氛。

知乎和小红书都能在各自的领域自成一派,简单来说就是前者分享知识,后者分享生活。小红书和知乎的具体区别如表 1-1 所示。

表 1-1 小红书和知乎的区别

区别项	小红书	知乎
内容定位	女性种草社区	知识问答社区
核心价值	分享生活	专业的知识内容
用户属性	用户群体集中，女性用户占据主导地位	用户群体多元化，男性用户居多
KOL 贡献	优质体验测评、生活分享	优质回答
变现方式	广告业务、社区电商	广告业务、知识付费

价值观念的不同，造成了知乎与小红书用户特征的不同。小红书的用户群体是具有高消费能力的女性，而知乎的用户比较多元化，并且男性用户居多。

总的说来，知乎的用户群体可以分为两个大类，一类为知识性中产人群，多以企业白领、管理人员和各个领域的专业人士为主；另一类为"新新"人群，这类人群兴趣爱好广泛，关注社交，追求潮流，并且乐于分享自己的所思所想。

知乎用户更多是为了发现和学习新奇的、权威性的知识，同时希望自己遇到的问题或者疑问能通过提问或搜索的方式得到专业人士的解答，或是希望在知乎上看到关于某热点事件的高质量讨论和解读。

1.3.2 小红书 VS 抖音："种草"为主 VS 趣味为主

作为一款专注潮流和好玩的音乐创意短视频社交软件，抖音一经上线便受到了广大网友的喜爱，短短几年的时间就占据了短视频行业的大半边江山，很多网友甚至默认抖音是一款"装机必备"的 App。

目前抖音日活峰值约 7 亿，平均值已超 6 亿，作为短视频领域的"领头羊"，抖音的影响力是巨大的，甚至可以说它改变了人们的日常生活：

很多人已经习惯了有抖音的生活,每天上下班路上或者是午休、晚休时间都会拿出手机看抖音;遇到有趣、温馨的时刻,也会将手机拿出来拍摄一段视频发布到抖音上,和网友分享。

小红书开启视频笔记后,很多人对小红书的发展走向提出疑问,认为它是瞄准了短视频市场这块"肥肉",想从中获利。

但和以趣味性为主的抖音不同,小红书即便推出视频笔记,也仍然保留了其独特的社区属性,它另辟蹊径,以记录真实生活的 VLOG 作为切入点,看似"流水账"的视频笔记也因其真实性为小红书带来了大量粉丝,并且进一步增强了用户黏性。

具体来看,小红书和抖音的区别如表 1-2 所示。

表 1-2 小红书和抖音的区别

区别项	小红书	抖音
平台属性	重内容积累	重流量曝光
用户属性	用户群体集中,女性占据主导地位	用户群体分散,男女比例较为均衡
内容方向	垂直细分	泛娱乐化
带货方式	以 KOL/KOC 产品测评和"种草"为主,直播带货和小红书商城为辅	短视频带货和直播带货,除官方抖音小店外,可链接至淘宝、京东等电商平台
合作品牌特性	以高端品牌和新品牌为主	以潮流、年轻化品牌为主

综合比较小红书和抖音,可以发现两者虽然都有短视频板块,但无论是聚焦的方向还是内容形式,或是带货方式,都有很大的区别,两者带给用户的体验也截然不同。

相较小红书,抖音更注重曝光,并且内容更泛娱乐化,多数人打开抖音都是想为自己的生活增添几分趣味,更多地追求有趣和好玩。

小红书则更侧重于内容，注重口碑的沉淀和积累，大多数人浏览小红书也并不是为了趣味，而是想要通过 KOC/KOL 的分享，寻求一些消费建议，从而帮助自己进行消费决策。从这一点来看，小红书的精准度更高。

1.3.3　小红书 VS bilibili：UGC 分享 VS PGC 分享

bilibili（以下简称 B 站）诞生于 2009 年，早期是一个 ACG（动画、漫画、游戏）内容创作与分享的视频网站，之后经过发展，成为国内知名的大型二次元弹幕网站之一。

2020 年五四青年节前夜，B 站献给新一代的青年宣传片《后浪》在 CCTV-1 播出，视频一夜之间播放量突破 3000 万。《后浪》的"出圈"不仅让 B 站的用户惊喜万分，很多中年人也表示大为震撼，因此有人称其为"震撼两代人的演讲"。

一年后的 2021 年五四青年节，同为内容社区的小红书也推出了一部品牌宣传片，名叫《我们是怎样的一代》，打破了人们对小红书的原有认知。很多人看完这条短片之后，不禁发问：短片的风格怎么和 B 站在 2020 年推出的《后浪》有异曲同工之妙？甚至有人直指：小红书怎么越来越像 B 站了？

事实上，虽然小红书和 B 站都聚集了众多年轻的用户，但从本质上来看，二者的区别还是比较明显的，具体如表 1-3 所示。

表 1-3 小红书和 B 站的区别

区别项	小红书	B 站
平台属性	种草社区、消费决策入口	二次元社区，弹幕和鬼畜文化突出
用户属性	用户群体集中，女性占据主导地位	用户男女比例均衡，以"Z 世代"群体为主

续表

区别项	小红书	B 站
内容形式	触及人们生活各方面的分享、"种草"平台，以美妆、护肤、美食、家居为主	生活、娱乐、游戏、动漫、科技是其主要的内容品类
变现方式	品牌商合作、官方合作	品牌商合作、官方合作、用户打赏
带货方式	以 KOL/KOC 产品测评和"种草"为主，直播带货和小红书商城为辅	信息流广告、明星+UP 主垂直矩阵引流"种草"，可链接至淘宝、京东等电商平台

在内容调性方面，动画、漫画、COS、游戏、鬼畜等二次元文化是 B 站的主要内容。当然，随着 B 站的发展，目前也涉及很多其他方面的内容，如学习、美妆等，不过弹幕文化、脑洞大开一直以来都是 B 站的代名词。

近年来，B 站上也出现了很多分享产品使用体验的视频，只不过相较于小红书，B 站的视频除了单纯地分享使用感受外，还会额外增加一些有科技感的元素，带给用户很强的新奇感。

但 B 站的广大用户在使用这个平台时，几乎只参与了"观看"或"评论"环节，普通用户在 B 站上进行内容创作是一件比较困难的事情。因为 B 站是一个典型的 PGC[1] 平台，对发布者的技术要求较高，相较而言，小红书作为一款生活方式分享平台，内容就更为纯粹了，平台上的内容主要以 UGC 生活笔记为主，小红书用户发布内容的技术门槛较低，哪怕只是一些简单的心情分享，也有可能引起别人的兴趣。

无论是知乎、抖音还是 B 站，都与小红书既相同，也不同。将这些平台放在一起比较的根本目的，是帮助小红书运营者认清小红书的特点，明确小红书的独到之处，并将这些作为突破点，更好地在小红书上发展。

---

1 PGC：Professional Generated Content，专业生产内容。

第 2 章
那些小红书博主都是如何火起来的

小红书上有 15 个行业大类，每个行业大类下面又有多个二级分类。在竞争如此激烈的背景下，每个行业都有火爆全平台的头部达人。他们之所以能够成为头部达人，靠的不仅仅是鲜明的个人风格和优质的内容。了解这些博主的创作思路和技巧，能够帮助新手运营者更好地进行内容创作，掘金小红书。

2.1 美妆类：一个月涨粉 50 万的美妆 KOL

在美妆发展渐趋饱和的小红书上，有位博主犹如黑马，在 1 个月内涨粉 50 万。截至 2022 年 3 月 29 日，该博主在小红书上的相关数据如图 2-1 所示。

数据概览

千瓜指数	粉丝总数	关注数
968.99	573.67万	58

笔记数	点赞总数	收藏总数
551	1010.9...	586.49万

图 2-1 该博主在小红书上的相关数据

自称"美少女之友"的她,到底是如何抓住小红书美妆用户的心的?归根结底,是因为该博主掌握了以下3条吸引力法则。

2.1.1 直述痛点,效果直观

该博主在小红书发布的第一条爆款视频笔记名为《扁脑壳专属丸子头!一扎一个准绝不靠运气!》,视频封面文案为"扁头专属丸子头"。截至2022年3月29日,该视频在小红书点赞量为63万,收藏量49万。

为什么一条1分21秒的发型视频如此之火?经过分析,其实不难发现这条视频背后暗藏玄机。

在视频开头,该博主就指明女生日常变美过程中遇到的痛点——怎样把丸子头扎得饱满,让颅顶更显高,以更好地修饰脸型,一下子抓住了用户的注意力。

光吸引用户还不够,为增强用户黏性,该博主用干货教程的方式,在视频里手把手教学,详细展示操作过程。同时还对操作过程中可能遇到的问题也做了预判与解答,最后展示发型的实际效果,如图2-2所示。

图 2-2 丸子头教程视频截图

将前后对比清晰的画面直观展示在用户面前,牢牢锁定用户的注意力,从而驱动用户反复观看视频。

再如,在《摊牌局|变美干货!对普通女孩都有用》这条视频笔记中,该博主通过抛出"嘴唇外翻、嘴角下垂、护发"等痛点,讲解自己在变美路上运用的一些小技巧,比如"嘴唇内收""练习微笑唇"等,指导意义极强。

同时该博主还在视频中贴出自己从小到大的照片,来凸显自己的容貌变化,直观佐证变美技巧的实用性,如图 2-3 所示。

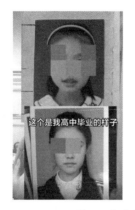

图 2-3 变美技巧视频截图

这种直击痛点、效果直观的干货类教程,既能让用户产生好奇心理,同时也能对博主产生信赖感。

痛点怎么找?这是很多普通人掘金小红书的难点。依旧以该博主为例,介绍选题痛点的两大来源。

首先是自身痛点,博主需要善于联系自身实际,来联想用户可能感兴趣的痛点,比如该博主结合自身痛点,推出了《新手必看|5 分钟将颜值最大化!宛若天生极致裸妆》《干货|抗老从几岁开始???》《脸像喝了一吨水!1 招搞定底妆"难题"》等笔记。

比如,标题为《新手必看|5 分钟将颜值最大化!宛若天生极致裸妆》的笔记,其痛点描述:"早起困难户说的就是我,我之前上学时都是早上 8 点的课,从宿舍到教学楼步行差不多 15 分钟,我是早晨 7:30 起来,

去掉路上15分钟，剩下的时间用来洗漱和收拾东西，包括化妆。"

标题为《干货|抗老从几岁开始？？？》的笔记，其痛点描述："我今年27岁了，我从25岁开始，就感觉衰老得特别明显，好像从某一瞬间开始就不再年轻了，真的印证了那句'你25岁才开始抗老就晚了'。"

在标题为《脸像喝了一吨水！1招搞定底妆"难题"》的笔记中，博主这样描述痛点："我其实挺懒的，除了日常防晒必需品之外，妆前乳这些产品都是救急的时候用……不过最近发现了很适合懒人的底妆救兵，轻轻抹开就能爆开水珠，肌肤水润度显著上升。"

其次是朋友痛点，博主可从与朋友的交流中挖掘大多数人的痛点，比如该博主结合朋友痛点，推出了《适合【内双肿眼泡】的眼妆公式！！！》《拯救肿单眼！肿泡眼超级自然放大术》等笔记，从朋友视角引出痛点，引起用户共鸣。

在标题为《适合【内双肿眼泡】的眼妆公式！！！》的笔记中，博主这样描述痛点："内双还有点肿泡眼，怎么在不贴双眼皮贴的前提下画眼妆……我今天也找来了我的同事，她就是博主描述的这种内双的女生。"

在标题为《拯救肿单眼！肿泡眼超级自然放大术》的笔记中，博主这样描述痛点："今天的模特就是橙汁叔叔，他绝对是我见过的最肿最单的眼皮。"

从这些痛点中可以发现，无论是自己的小烦恼，还是朋友的困惑，该博主都能精准抓住。所以要做一个善于观察生活和身边人的博主，才能挖掘到别人意想不到的痛点。

2.1.2 打磨话术，强化说服力

在做美妆推荐时，不少小红书运营者会受"买它买它买它"口号的影响，喜欢用直白、"洗脑"的语言进行反复强调。事实上，这种话术在直播间使用效果更好，且适用于具有一定IP影响力的博主。对于在小红书上利用笔记营销的普通运营者而言，这类话术显得较为空洞且没有说服力。

尤其是在广告法的限制下（部分效果类词汇不能使用，如美白、祛斑等），小红书博主如何才能在"不踩线"的前提下更有效地推荐产品呢？答案是打磨话术。

该博主在《扁脑壳专属丸子头！一扎一个准绝不靠运气！》这期视频中，在描述教程效果时，使用的话术是"不用看运气，一扎一个准，上手就是零失误。"

对于不少观看美妆视频的用户而言，最大的困扰就是"看懂了却不会做"，但该博主用简单的一句话，便打消了用户心中的顾虑，吸引用户纷纷尝试。

对普通人而言，打磨话术的技巧主要有以下3点。

首先要用语简洁，表达流利接地气，能让用户一听就懂，拉近博主与用户之间的距离；其次是话术要从不同维度直击痛点，要有逻辑，比如介绍丸子头的扎法时，博主除了描述"把丸子头扎得饱满"的痛点，还描述了"丸子头不会松开"的痛点，由大痛点过渡到小痛点，思路十分清晰；最后是话术前后呼应，强调重点，比如该博主在视频开头引出"上手就是零失误"，在视频末尾再次强调这句话，突出了话术重点，让用户印象深刻。

2.1.3 内容真诚，观众缘强

小红书上有不少投机取巧的笔记内容，这些笔记内容先是用噱头吸引用户，长篇大论讲问题，当介绍干货时，却没有实质性的内容，显得十分虚假。这种欺骗播放量的手段，虽然能在短期内为个别视频带来较多播放量，但是会破坏博主口碑，很难沉淀粉丝。

而该博主的笔记内容，每次都尽显用心、真诚，打动了不少用户。比如在《秋冬必码，你的头发在发光！！护发tips》这期视频中，该博主穿着短袖站在镜头前的淋浴头下，直接向用户展示自己日常的洗发、护发流程，如图 2-4 所示。

图 2-4 洗发、护发视频截图

不同于其他 KOL 单纯口述自己的使用感受，该博主在镜头前不惧扮丑，将自己的头发打湿做一些简单展示，真诚地向用户分享技巧。这种完整将洗护流程展现在用户面前的，该博主是美妆领域第一人。

真诚的内容展示也确有奇效，截至 2022 年 3 月 29 日，该视频笔记在小红书点赞量高达 72 万，收藏量高达 42 万。不少用户纷纷在评论区留言"竟然真的洗了一个头发，是我见过最实在的美妆博主了""太敬业了""好努力啊，边洗边说""太真实了"，同时在评论区 @ 朋友前来观摩。这条真诚的视频也让该博主火出圈，成功登上了各大平台的热搜。

再如，在《一个美瞳分享 | 交作业了！》这期视频中，该博主因用户多次在视频评论区询问美瞳链接，于是整理了之前视频中出现过的美瞳，毫无保留地分享给了用户。

在这期视频笔记中，该博主先是帮用户总结了几个"雷品"款式，比如超大直径款、包边很硬款、不融瞳款等。在讲解的同时，该博主还贴出相关图片，让用户直观感受效果，如图 2-5 所示。

图 2-5 "雷品"款式

在讲解雷品款式时,该博主话术如下。

"这几款雷品仅代表我个人观点,因为我轮廓挺平的,一点也不立体,所以我在这里'安利'的款式都是不会很夸张的,是比较自然的那种……"

该博主并没有用类似"所有人带上都不好看"的绝对性语言,而是根据自身情况客观分析佩戴效果,再推荐产品。并且在描述的过程中,也十分真诚地表达了自己的面部缺点,能让用户感受到诚意。

对于普通人而言,要想在小红书上展现自己的真诚、提升自己的观众缘,就需要放平姿态,与用户平等对话,善于站在用户的角度思考问题,如此才能靠真诚吸引粉丝。

2.1.4 先驳后立,打造干货 IP

先驳后立是演讲中经常使用的一个概念,即开头直接否定一个常见观点,再建立一个新的观点。人的大脑会本能地抗拒新概念,要想用新概念吸引到用户,就要用用户熟知的旧概念引出新概念,才能获得共鸣。

比如该博主在《颧骨外扩、太阳穴凹陷怎么办!》这期视频笔记中,就提到一个要点:

不要再用珠光提亮太阳穴了,我直接给你们看一下……一旦换个光线,太阳穴直接被光反得都没有了,陷进去了,直接变成穴了,颧骨这边显得更凸……你就按照我下面说的方法来做……

通过反驳旧技巧,引出新技巧,这样的表述会让干货IP更加深入人心。该博主用此方法打造的干货IP及效果如表2-1所示。

表2-1 该博主通过先驳后立打造的干货IP

视频笔记标题	旧论	新论	点赞数量 (统计时间截至2022年3月29日)
《用好眼影打底色,眼妆事半功倍!》	"像这样的纯白色眼影有人可能觉得很鸡肋,用不上"	"但其实这种纯白色可以让后续叠加的眼影明度更高"	1.9万
《卷发棒利用最大化!小卷也能卷出大波浪~》	"卷发棒只能卷对应尺寸(的卷)"	"卷出比本身卷棒更大的卷,就是省钱~不用买更多型号"	3.3万
《新手必看!0失误的柔雾感眼线大法~会画的直接划走就行(无情.jpg)》	"关于内眼线,我觉得不是人人都得化"	"其实内眼线我个人觉得是有点压眼睛的"	23万

普通人在运用先驳后立的论证方式时,要注意以下两点。

第一,旧论是大部分用户都会存在的认知误区,比如"卷发棒只能卷对应尺寸(的卷)"这条旧论,确为不少用户在卷发时存在的认知误区,因此该博主在否定这个观点时,会勾起不少用户的好奇心,吸引用户观看视频一探究竟。

第二,新论要有说服力,比如在论证白色眼影可以让后续叠加的眼影明度更高时,要向用户直观展示操作效果,如果效果不明显或是没有效果,用户就会认为新论并没有说服力,从而渐渐对博主失去信任。

该博主入驻小红书的时间其实并不长,但观看她的笔记,会发现她的内容十分体系化。她能针对不同内容以不同封面设计做区分，并标明内容主题（如画眉、修容等），设立作品合集，方便用户按需查看，如图 2-6 所示。

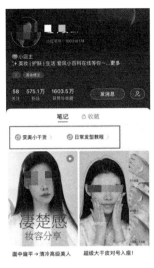

图 2-6 该博主小红书主页

无论是图文笔记还是视频笔记，该博主都讲解得十分细致。在视频笔记中还常常通过定格画图的方式，便于用户明白具体位置，不惧扮丑，十分敬业。与此同时，该博主对用户需求的把控也十分精准，从告别暗沉到改善凸嘴，都是女性用户关心的内容。不少粉丝会在其评论区留言："你真的知道我们想要什么。"这种内容稳定更新、粉丝黏性极强的博主，在小红书上想不火都难。

2.2 护肤类：60 后阿姨新晋护肤达人

伴随着护肤"智商税"[1]的出现，年轻用户更愿意相信医生的说法，"医"

---

1 智商税：网络流行语，指消费者在购物时缺乏判断力，花了冤枉钱。

字成为护肤品安全的代名词,也成为品牌的坚强后盾。在这一趋势下,越来越多的皮肤科医生"走"出医院,入驻小红书。

如果你喜欢看小红书护肤类的笔记,大概率已经看过某知名大学附属医院的60后皮肤科医师的视频。这位60后的阿姨在小红书上致力于科普各种护肤知识,不少网友都调侃这位阿姨"白天是皮肤科医生,晚上是新媒体打工人"。无论是护肤还是皮肤病,这位阿姨都在疯狂输出干货,同时"拔草"部分产品,让用户免交"智商税"。

60后、皮肤科医生,这些听起来有些古板的头衔,让没有看过该博主笔记的人半信半疑:一个阿姨能有多火?

截至2022年3月30日,该博主在小红书上的相关数据如图2-7所示。

数据概览

千瓜指数	粉丝总数	关注数
939.55	74.17万	39
笔记数	点赞总数	收藏总数
288	110.27万	98.62万

图 2-7 该博主在小红书上的相关数据(数据来源:千瓜数据)

74.17万的粉丝量,110.27万的点赞总数,从数据来看,该博主已然成了小红书的头部达人。该博主之所以圈粉无数,跟其日推的内容——护肤指南有着紧密联系。

2.2.1 封面、标题吸睛,戳中用户痛点

打开该博主的小红书主页,可以发现其笔记封面的风格较为一致,标题也简单直接,具有小红书干货类笔记的特性,能吸引用户观看。

一、封面以个人形象为主,突出选题重点

该博主的笔记封面多以个人形象为主,封面文案突出选题重点,但仔细观察,会发现其视频笔记和图文笔记的封面略有不同。

视频笔记的封面更突出职业化形象,多以办公室或皮肤效果图为背

景，如图 2-8 所示。

图 2-8 视频笔记封面图

首先，视频笔记中，该博主都以工作时的形象出镜，身穿白大褂，职业化形象使内容显得更为权威；其次，黄底黑字的关键字能突出此视频内容的选题重点，让用户在短时间内被关键词吸引；最后，在封面上突出痛点，比如"头发出油""干枯毛躁"等，通过描述这些现象抓住用户眼球。

相比视频笔记，图文笔记风格较为活泼，如图 2-9 所示。

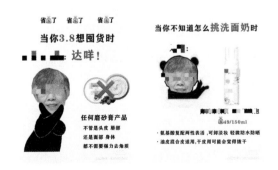

图 2-9 图文笔记封面图

图文笔记是静态的，用户比较关注图片和文字内容，因此该博主增加了图文笔记封面的文字数量，传达给用户更多信息。与此同时，该博主为拉近与年轻人的距离，文案多用流行词汇，比如"达咩"[1]，在配图上，也时常运用表情包，从而使封面更接地气。

二、标题吸睛，戳中用户痛点

在小红书上看专业医师的笔记是想学习医学知识吗？虽然不排除这种可能，但是该博主能在小红书出圈，靠的大多是结合专业的医学知识，为用户排疑解难。这也从侧面反映出该博主吸引粉丝打开笔记的关键因素，在于笔记的标题吸睛。

比如2021年12月30日，该博主发布了一期标题为《皮肤科医生皮肤都很好？6个护肤真相告诉你！》的视频笔记，截至2022年3月30日，该笔记点赞数为14万，收藏数为12万，是小红书的热门笔记。

这篇笔记之所以数据可观，有部分原因是标题吸睛，戳中了用户痛点。该标题采用设问的方式，先提出"皮肤科医生皮肤都很好？"这个问题，抛出悬念，勾起用户兴趣；再利用"6个护肤真相告诉你！"这种数据式的回答，分享干货。

再如2022年1月18日，该博主发布了一期标题为《三甲皮肤科｜红黑痘印！痘坑痘疤！一篇全搞定！》的视频笔记，截至2022年3月30日，该笔记点赞数为2.8万，收藏数为2.3万，不少用户在看完这篇笔记后与博主在评论区互动。

由此可见，这篇笔记标题戳中了不少用户的痛点，尤其是经常长痘的用户，会有"红黑痘印""痘坑痘疤"等烦恼。

2.2.2 条理清晰，干货满满

除了封面和标题吸睛外，该博主的笔记内容也十分吸睛，条理清晰、干货满满。

---

1 达咩是日语"不行"的中文音译，表示不行、不许等意思。

一、条理清晰，分段、分条展示

该博主在讲解护肤知识时，并没有像其他博主那样长篇大论，在她的视频笔记中，可以看到她将视频分段，并详细标注了每个时间段的重点，如图 2-10 所示。

该博主通过数字标识和具体分段，让视频笔记内容条理清晰。如此一来，用户在观看视频笔记时，可以选择自己想看的重点，将进度条拉到相应位置，快速获取自己想要的干货内容。

同时，该博主在讲解过程中，也会在视频界面用数字标识来帮助用户梳理逻辑，让讲解的内容的要点更加清晰明了，如图 2-11 所示。

图 2-10 视频分段示意图　　图 2-11 视频界面的数字标识

二、干货满满的内容

通过观看该博主的笔记，可以发现该博主笔记内容干货满满。如《皮肤科医生皮肤都很好？6 个护肤真相告诉你！》这条笔记，该博主在讲解涂润唇膏、卸唇妆的正确方式时，是这样描述的：

第六点，涂唇膏、卸唇妆最好都是竖着擦，我们的唇纹其实是一道道的竖纹，竖着涂，唇膏里的膏体可以更好地滋润皮肤，唇纹里的口红也可以更好地被清除。

在讲解过程中,该博主打破了大部分用户横着涂唇膏的固有印象,用科学原理解释"竖着涂"的好处,让干货内容深入人心。

再如《唇周暗沉、嘴角发黑,用这些护理效果真的不错》这篇笔记,该博主采用了以下步骤来讲解干货内容。

1. 描述现象,总结原因

嘴角发黑、唇周暗沉,显得嘴巴又突又厚,除唇周长绒毛的原因外,一般都是(因为)黑色素色沉,口角炎、唇炎都会留下炎症,引起表皮层色素沉淀。还有平时一些不当的生活习惯,比如吃完饭用力擦嘴、牙膏沫残留在唇周、吃辛辣刺激性食物、没卸干净唇妆,都会刺激唇周。

2. 科学解释,强调重要性

因为唇周的皮肤只有正常皮肤角质层的1/3,非常脆弱,如果忽视唇周的护理,嘴巴这圈就会黑黑的,所以我们要做好抗炎美白的工作。

3. 介绍护肤干货

用一些含有积雪草成分的产品,比如××软膏,睡前薄薄涂一层在唇周部位,能够淡化暗沉。美白可以用××产品。当然,最重要的还是预防色素沉淀,改掉你忽略的坏习惯,尤其是刚吃完刺激性的食物,用纸巾轻轻按压就可以了,喜欢抿嘴、撕嘴皮的,一定要改掉啊。

4. 引导用户关注

"关注××,一起守护皮肤健康。"

通过这简单的四步讲解,不少用户在收获有用知识的同时还产生了共鸣,纷纷在评论区留言:

"干货满满,直入主题。"

"是真的,那几个坏习惯我都有。"

总之,在良莠不齐的同类视频中,该博主凭借条理清晰、干货满满的内容,在小红书上吸引了不少粉丝关注,成功打入年轻人的阵地。

2.2.3 注重互动，增强粉丝黏性

"咨询专家一般都要收费""医生很高冷"，这似乎已经成为大众对医生的普遍印象。不同于其他难以接近的医生，该博主经常与粉丝亲切互动。

比如在该博主的评论区，可以看到该博主回复粉丝的相关问题。

粉丝评论："脸上有雀斑、晒斑、黄褐斑、混合斑，请问应该怎么治疗？"

博主回复："首先要做好防晒，黄褐斑可以参考我之前出过的一期视频，雀斑要通过医美解决，晒斑要使用一些 VC、熊果苷、传明酸成分的产品淡化。具体我之后再出一期视频吧。"

粉丝评论："为什么控油收敛型的防晒不适合眼部？"

博主回复："控油收敛型的防晒会影响眼部保湿，可能会加重眼纹。另外，酒精添加量高、包含刺激性成分的产品都不适合涂在眼部。"

面对用户的提问，该博主都能耐心地给出具体的建议，同时还会针对用户的痛点，许诺出下一期视频，十分"宠粉"。

再如，该博主会主动在评论区提问："护肤不需要多贵多复杂的护肤品，作为皮肤科医生，不希望看到姑娘们过度护肤还浪费钱，我总结了一些护肤经验，在视频下方的文字中，大家还想让我讲哪方面的护肤知识，可以在评论区告诉我。"

作为一位 60 岁的医生，能做到积极回应、主动引导，实属不易。也正因为该博主有为用户排忧解难的赤诚之心，不少用户纷纷选择关注，并申请加入该博主在小红书的群聊，如图 2-12 所示。

在群聊中，该博主会有针对性地发布相关内容，在解答粉丝疑惑的同时，还会推荐相关产品，提升个人品牌力。可见，注重互动、增强粉丝黏性，帮助该博主搭建起了自己的私域流量，有助于提升该账号的转化率。

图 2-12 该博主在小红书上的群聊

2.2.4 选题接地气,贴近年轻人生活

选题是决定笔记能不能爆火的关键因素,该博主深谙这一道理。为贴近年轻人的生活,与年轻人对话,该博主多采用接地气的选题。

该博主将笔记内容划分成了三大板块,第一个是"痘痘肌护理指南",第二个是"家庭护肤保养指南",第三个是"常见皮肤病治疗指南"。每个板块里的笔记内容都十分贴近年轻人的生活,如表 2-2 所示。

表 2-2 该博主三大板块的选题

痘痘肌护理指南	家庭护肤保养指南	常见皮肤病治疗指南
《下巴偶尔爆痘还是反复长痘?自查四个因素》	《蚊子留下的黑疤黑印,用这两样轻松淡化!》	《后脚跟脱皮开裂,给大家分享便宜有效的方法》
《痘痘肌如何内调?和大家说说食补与忌口》	《三甲皮肤科丨膝盖黑手肘黑关节黑,一招美白》	《脖子上的"小肉丁",小心越抓越多》
《前胸后背的痘痘,分清类型处理效果才好!》	《淡化生长纹和肥胖纹,其实很简单》	《头油头痒还有头屑?可能是脂溢性皮炎》

从这些选题可以看出,该博主在做笔记选题时,主要将目光放在了大众日常生活中遇到的一些皮肤小问题。这些小问题通常不需要去医院治疗,但是会成为不少用户的困扰。因此,以日常皮肤小问题为切入口,更容易抓住大部分用户的痛点,也更容易在小红书出圈。

2.3 教育类：获赞千万的英语老师

网友流传："不辅导作业母慈子孝，一辅导作业鸡飞狗跳。"随着孩子升学压力的增加，家长们如果没有系统的辅导方法，很容易会被孩子的家庭作业"逼疯"。迫于压力，许多家长开始在网络平台寻求帮助，希望通过网络平台掌握辅导孩子的方法。

一位英语老师抓住了这个机会，于 2019 年 8 月在小红书上发布教学笔记，截至 2022 年 3 月 29 日，这位英语老师在小红书上已经收获了 226.2 万粉丝，获赞与收藏数量达到 1068.4 万。

这位老师的成功或许与抓住"风口"有关，但其对于账号的运营、对内容的打造，才是成功的关键。深入分析他的账号，可以看到他在账号设计、笔记标题、笔记内容和转化流程四个方面有着独到经验。

2.3.1 设计账号，塑造立体形象

点开这位英语老师的主页，映入眼帘的便是其亮眼的简介：9 年教学经验、本科保送南京大学、UNSW 杰出硕士毕业，如图 2-13 所示。

图 2-13 该英语老师简介

同时，他在多个视频中都强调"现在有 800 多万人跟着我学英语""免费的直播让普通家庭的孩子也能享受优质教育资源"。

这几句话看似简单，实际上没有一句废话，每句话都传达出一个重要的信息：9 年教学经验＝我有经验；本科保送南京大学、UNSW 杰出硕士毕业＝我有专业背景；现在有 800 多万人跟着我学英语＝我成功帮助了很多人；免费的直播让普通家庭的孩子也能享受优质教育资源＝我

要惠及大众。

将这些信息整合起来,一个具有专业背景、长时间教学经验、成功帮助过很多人,并愿意免费帮助更多人的英语老师的形象便鲜活、立体地呈现在了用户眼前。

简单来说,这位英语老师的简介起到了三个至关重要的作用:表明身份、表明领域、表明态度,能够增强其在用户心中的记忆点,一旦用户需要学习英语知识,很可能会选择观看这位英语老师的笔记。

这位英语老师对账号的设计不止于此,其昵称和头像都暗含着不少"门道",帮助他塑造立体的形象。

在昵称上,这位英语老师采用了"××教英语"的形式,"××"是他的姓名,"教英语"是他的职业,两者组合起来,将这位英语老师与其他用户区分开来,让用户一看就知道这个账号的定位是什么。用户如果想学习英语,搜索关键词"英语",排在第一的就是这位英语老师的账号。

这位英语老师并非只在小红书上发布笔记,其他平台也同步运营了同名账号,这对于打造个人IP具有重要意义。一个用户不会只使用一款软件,如果在多个平台上都能看到这位英语老师的作品,印象会更加深刻。且多个账号之间形成联动,可以助力这位英语老师扩大影响力。

在头像上,这位英语老师使用了漫画版的个人画像,画像突出了这位英语老师的特征——戴眼镜、眉毛弯弯、爱笑,特点突出、辨识度高。同时,这个头像采用漫画的形式,显得轻松活泼,能够拉近与用户的距离。

2.3.2 活用标题,吸引更多用户

这位英语老师能够获得千万点赞,还与他的笔记标题比较吸睛有关。这里的"吸睛"有两层含义,一是其打造标题的形式吸睛,二是标题的内容吸睛。

一、标题形式吸睛

翻阅这位英语老师发布的笔记,能够发现他的所有笔记都会在封面

图片上展示标题。由于小红书在推送笔记时,绝大部分版面都被图片占据,标题的展示空间不大,因此这位英语老师将标题在图片上展示出来,能够让用户迅速获取信息,一旦该信息是用户感兴趣的,就会选择点击观看,提高了笔记的点击率。

具体来看,该英语老师又对视频笔记和图文笔记的标题呈现形式做了区分。

1. 视频笔记标题:黄底黑字加粗,关键字标红

视频笔记的标题,这位英语老师采用了"黄底黑字加粗,关键字标红"的形式,如图2-14所示。

图2-14 视频笔记标题呈现形式

黄色是一种比较醒目的颜色,在黄色上用加粗的黑体字,能让标题更加醒目。在交通标志中,警示标牌通常也是黄底黑字。同时,将"学英语"等关键字用红色字体标识出来,也能起到警示、提醒的作用。

值得注意的是,这位英语老师主攻教育方向,所以封面图片不要求精美、动人,因此能够在封面图片上添加标题。但美食、美景类博主不适合用这种方式,否则可能会导致封面无法吸引用户。

2. 图文笔记标题:笔记本手写黑字,突出数字

图文笔记的标题,这位英语老师采用了手写笔记的呈现方式,突出了其中的数字,如图2-15所示。

图2-15 图文笔记标题呈现形式

图文笔记之所以与视频笔记的标题呈现方式不同,以手写字体呈现,主要是为了营造共同学习英语的氛围。学习英语知识的多半是学生,学生在日常学习中经常需要用笔记本记录下重要的知识,以这种方式打造标题,能迅速拉近与学生用户的距离。

此外,学习英语的用户都有目的,最大的目的便是提高考试成绩。将高分成绩以鲜艳的红色标识出来,能够激发用户的好奇心,戳中用户希望提高成绩的痛点,用户很容易便会点击查看笔记内容。

二、标题内容吸睛

除形式吸睛外,这位英语老师的标题内容本身也比较吸睛,如"英语低于90必存""英语写作万能公式""为什么你学英语那么多年还是听不懂""啃下这6张表,英语稳上130""英语0基础必看知识"等。

求知欲和好奇心是人类永恒不变的特性,教育类内容哪怕再优质,如果不配上一个能够满足用户求知欲和好奇心的标题,也很难火起来,或是火起来的速度会很慢。这位英语老师大量采用"阐明利益+戳中痛点"的方式,让标题内容能够在短时间内吸引更多用户。

2.3.3 内容专业,聚焦用户价值

账号设计和标题呈现是教育类账号引流的重要方式,但要想真正留下用户,使用户变为忠实粉丝,最重要的还是打造优质内容,传递专业知识,让用户从中获益。

分析这位英语老师的笔记,可以发现其围绕用户的需求,主要打造了三种类型的内容。

一、考点详解:助力用户成绩提升

考点详解是这位英语老师最常打造的内容,主要是对一些在考试中频繁出现的考点进行解析。比如"初中八种时态的被动语态",是教初中学生英语时态,包括"一般现在时""一般将来时""现在完成时"等,如图2-16所示。

时态		被动语态(be done)
①一般现在时	do, does	am/is/are + done
②一般将来时	will do	will/shall + be + done
③一般过去时	did	was/were + done
④现在进行时	be(am,is,are) doing	am/is/are + being + done
⑤现在完成时	have/has done	have/has + been + done
⑥过去完成时	had done	had been + done
⑦过去将来时	would do	would be + done
⑧过去进行时	be(was,were) doing	was/were + being + done

图 2-16 初中八种时态的被动语态

这位老师还会对容易弄混的知识点进行区分，比如在英语中"borrow""lend""keep"都有"借"的意思，但三者的使用场景大不相同，很多学生不知道在哪种情况下该使用哪个单词。对此，这位英语老师做出了总结：borrow 和 lend 都是非延续性动词，但 borrow 表示"借入"，lend 表示"借出"，而 keep 则是延续性动词，表示"长时间地借"，并附上了每个单词的用法举例。

这类内容是这位英语老师对学英语最广泛的人群——学生，做出的针对性辅导，能够让学生在课余时间学习课堂上没有掌握的英语知识。对于学生而言，掌握了相关知识，取得了更好的成绩，是这位英语老师提供的最大价值。

如今学生的学习压力很大，家长的辅导压力也很大，双方都希望获得外界帮助，提升学生的成绩，为学生谋取更好的未来。这位英语老师打造的考点详解内容，对于很多学生和家长而言，算得上"救命稻草"，在一定程度上解决了社会共性问题，不仅利于个人，也利于社会。

教育类博主应当谨记一点：明确自己发布的内容能够为用户提供什么价值，且确保这种价值是用户目前最需要的，这样才能长期获得用户的关注和信任。

二、独特技巧：特殊的英语学习方法

除了对常见考点进行解析，这位英语老师还想出了一些独特的方法，来帮助学习英语的用户更快掌握英语知识。比如"身体部位联想记单词"（如图 2-17 所示），就是将每个身体部位与其英语表达对应，让用户能够产生形象记忆，而不只是背几个干巴巴的单词。用这种方法，用户能够迅速且深刻地记住这些单词，达到事半功倍的效果。

有时这位英语老师还会编一些顺口溜，帮助用户记忆知识点。比如在讲解各国人的复数时，他编了一条"中日两国永不变，英法两国 a 变 e，其他国人加 s，尤其小心德国人"的顺口溜，背下这条顺口溜，在写或者读各国人的英语单词复数时，就可以减少出错的可能。

图 2-17 身体部位联想记单词

教育类博主在打造笔记内容时，也可以借鉴这种方式，让用户以更轻松、更快捷的方式学到知识。

三、趣味英语：增添内容趣味性

在这位英语老师发布的笔记中，偶尔还穿插着一些趣味英语知识，这些知识可能在考试中用不上，却能增长见识，并体会到学习英语的乐趣。

比如，他曾拍摄过一个场景，下课后一个学生说："老师，Bey bey。"英语老师拦住他，说道："不要只会说 Bey bey。See you，See you around，See you later，See you tomorrow，See you next time，这些都可以表示再见，学会了吧？"学生："记住了，老师 Bey bey。"

趣味英语教学好处良多，主要体现在以下两个方面。

1. 能让用户更主动地学习英语

兴趣是最好的老师,这位英语老师在传授知识时,采用更有趣的方式,能够让用户对英语更感兴趣,且能够更好地掌握这些英语知识,对于提升用户学习英语的积极性具有重要作用。许多用户在看完这样的趣味英语视频后,还会主动学习更多有趣的英语知识,改变了以往被动学习的局面。

2. 学习效果更明显

这位英语老师的受众大部分是学生,学生处于性格、习惯塑造的关键时期。严肃的英语知识讲解,很容易令学生失去学习英语的兴趣,甚至对学习英语产生恐惧。在课堂之外,学生学习英语,更希望获得与课堂上完全不同的学习体验。

而趣味英语恰好利用了学生对事物的好奇心,将有趣的元素融入英语学习中去,营造出一种轻松学习的氛围,能让学生的学习效果更加明显。

总而言之,提供专业且优质的内容,是教育类博主在小红书上吸粉的关键。无论是哪个领域的教育类博主,都应当站在用户的角度思考自己能够为用户提供何种价值。

2.4 美食类:是家庭主妇,也是头部博主

中国人最爱吃,也最会吃。年轻人身处都市,生活节奏很快,很多人每日总是会花一点时间来看美食视频,也会自己在家做饭。短暂的制作和享用美食的时间,是他们的身心得到彻底放松的时刻。烟火缭绕的厨房和美味的食物,能让他们忘却工作上的压力。

"人间烟火气,最抚凡人心",这大概是美食类博主在小红书上备受青睐的重要原因。在美食类赛道,有一位博主的崛起令人瞩目:几乎每一篇笔记的点赞量都超过 2 万,有的笔记点赞量甚至达到 15 万,收藏量也非常可观。

账号的运营者是一位家庭主妇,每日分享给丈夫做便当的视频,截至 2022 年 3 月 30 日,她在小红书上的粉丝数量达到 245.6 万。究竟是什么原因令这位家庭主妇成为美食赛道的头部博主?主要有以下 3 点。

2.4.1 聚焦美食制作,画风清新舒适

许多用户在看到这位美食博主笔记的第一眼就被俘获了。可爱的厨具,整齐的桌面,色泽诱人的美食,共同组成了一幅幅以暖色调为主的温馨画面,如图 2-18 所示。

图 2-18 该美食博主视频笔记截图

或许有运营者会问,这样的美食博主在小红书上有很多,为什么这位美食博主如此出圈呢?从这位美食博主早期发布的笔记开始分析,便可以知道她的成功包含两方面原因:一是始终聚焦美食制作,二是风格清新舒适。

一、聚焦美食制作

这位美食博主主页的简介写着"分享给林先生做便当的日子",林先生是她的丈夫。从最开始运营账号起,其账号内容就是自己拍摄的制作美食的视频。

比如在她近期更新的一条视频中,她逐一制作了虎皮鹌鹑蛋、香煎牛排土豆条、气泡虾、口蘑香菜汤等菜肴,再加上洗净切好的水果和撒上黑芝麻的米饭,组成了一桌看起来非常美味可口的午餐,如图 2-19 所示。

图 2-19 该美食博主的视频笔记截图

美食赛道入局者众多,"厮杀"得十分激烈。事实上,早期这位美食博主的笔记数据并不十分出众,但其内容一直很统一,都是自己制作美食,并且保持一定的更新频率,最终迎来了大爆发。

在小红书上掘金,绝不可能出现第一天获赞数十万,第二天变现数百万的局面,一切都是积累所得。运营者也切勿急躁,前期的坚持和积累十分重要,不要看到前期效果不好,便马上放弃这个赛道,务必做一个长期主义者。

二、风格清新舒适

仔细观察这位美食博主的笔记,每一件物品都令人感到清新舒适:厨房的桌子上铺了一张黄白相间的格子桌布,一个黄色的"小黄鸭"烤箱摆在上面;一朵插在花瓶里的黄色小花静静绽放;干干净净的盘子、杯子、罐子被随意调配,像等待着上场的"演员";肥瘦相间的肉在锅里滋滋作响,烤得直冒油……

远近景画面结合,让用户能够更近距离地观察到食物烹饪的过程,更能刺激用户的食欲。整个过程中,这位美食博主都采用了高倍速播放的方式,只有重要的地方会放慢播放速度,节奏也十分明快。

小清新制作台加高颜值摆盘,让用户感到十分舒适的同时,也打破了做饭在部分人心中的刻板印象,不是油腻腻、脏兮兮的,而是简单而又美好的。

2.4.2 打造双重身份，获得女性青睐

近年来，女性意识逐渐觉醒，关于女性的话题也备受关注，女性消费者逐渐成为主力，小红书上也是女性用户居多。如何获得女性用户的青睐，是小红书运营者应当思考的运营方向。

在这一点上，这位美食博主为自己打造了双重身份，一是"家庭主妇"，二是"网红博主"，这两个身份的组合，令这位美食博主与广泛的女性群体产生了共鸣。

一、"家庭主妇"身份，与女性进行情感联结

事业和家庭如何选择？这个问题困扰着许多女性。电影《找到你》中的一句台词戳中了大部分女性的心：这个时代对女人的要求很高。如果你选择成为一个职业女性，就会有人说你不顾家庭，是个糟糕的母亲；如果选择成为全职妈妈，又有人会说，生儿育女是女人应尽的本分，这不算一份职业。

似乎怎么选都不算完美。当全职家庭主妇，有人会说年纪轻轻就不工作，只能在家靠丈夫养，完全失去了个人价值；当职场达人，又有人说女人还是顾好家庭最重要，事业再成功，没有照顾好家庭也是失败的。许多女性在自我价值与家庭关系中反复纠结，身心俱疲，最终哪个方面都没有做好，更别提兼顾了。

这位美食博主是一位家庭主妇，很年轻便回归家庭，其视频内容也主要围绕给自己的丈夫做便当展开。有些人认为这样很不好，认为她的人生不应当只围着丈夫转，觉得长期做家庭主妇会与社会脱节，很容易丧失自己的特性。

但这位美食博主在视频中传达出来的，是她每天的生活都非常开心，尽管她一天中大部分时间都在与柴米油盐打交道。对她而言，下厨的乐趣并不小于在职场上发光发热，做出一道美味佳肴的成就感绝不亚于签下一个大单。

许多女性与这位美食博主建立了情感上的联结,在这位美食博主身上,她们能够看到她对美食、对生活的热爱,即使她们并不是家庭主妇,却尊重这位美食博主的选择,因为她在做自己喜欢的事情。

二、"网红博主"身份,引导女性思考

作为一位全职家庭主妇,这位美食博主没有放弃自己的爱好,她热爱美食,喜欢做饭,乐于搜集各种精致、可爱的厨具。于是她开始拍摄自己制作美食的视频,将这份美好传递给大众,而这恰好促使她成为一位"网红博主"。

虽然这位美食博主弱化了自己"网红博主"的身份,但超高人气和流量为她带来了不菲的收入是不争的事实。这对于那些在事业与家庭中纠结的女性来说,具有一定的启发性。当女性把事业或家庭的某一个方面做到极致时,另外一个方面的问题或许就会迎刃而解,也许事业和家庭从来都不需要选择。

2.4.3 记录生活日常,传递爱与温暖

这位美食博主既是美食类博主,同时又带有一点生活类博主的特性,因为这位博主的美食视频就是其日常生活的真实记录。这位美食博主看似是在制作美食,实则是在讲述美食背后的故事。

"带着便当去公司等林先生下班啦,等他下班感觉好幸福。""趁着周末林先生休息,带上自己做的便当,和他一起去春游。""和家人一起吃团圆饭。""给林先生的加班便当,感觉自己最近下厨是越来越熟练了,即使林先生突然告知要加班,也能不紧不慢地做好便当给他送去……"

以上内容都是这位美食博主视频的文案,对自己的日常生活娓娓道来,故事感和场景感非常强。没有人会喜欢只会抱怨的人,用户打开小红书,也希望能够获得轻松、愉悦的感受。这位美食博主通过分享生活中的点点滴滴,传达出一种积极、美好的生活态度。

在"给林先生的加班便当"这期视频中,这位美食博主做了羊排、

流心蛋包饭、雪媚娘、橙汁,还配上了蔬菜水果,看着就令人垂涎欲滴,如图 2-20 所示。

不仅如此,这位美食博主对于丈夫几乎是有求必应。林先生想吃饺子,就为他做饺子;林先生起床上班,就为他做早餐;林先生喜欢吃烤肠,就在家为他支起一个烤肠摊;林先生喜欢吃汉堡,她也尽心尽力为林先生做汉堡。许多用户纷纷表示"羡慕林先生""林先生好幸福哦""下辈子我要当林先生"。

图 2-20 给林先生做的加班便当

在视频中,用户不仅能够感受到制作美食的乐趣,还能感受到这位美食博主与丈夫之间深厚的感情。

除了给丈夫做便当,这位美食博主还会给闺密、家人、同学等制作美食,然后记录下来,以亲情、友情等角度切入,共同构筑一个充满爱与温暖的生活环境。

美食能够让用户为这位博主驻足,但真正将用户留下的,或许是这位美食博主呈现的温馨的日常。小红书运营者可以参考这位美食博主的做法,在给用户提供实用价值时,也提供更多的情绪价值,让用户感受到爱与温暖。

2.5 健身类：百万人的健康塑形教练

如今，健身已经成为许多人的日常，越来越多的普通人因为各种原因开始重视健身塑形。但前往健身房进行系统、专业的锻炼，显然不是多数有健身意愿却没有合适时间之人的选择，于是，在小红书寻找居家健身的教程成为这类人的首选。

健身类博主在此需求下应运而生，某些博主甚至在同领域内成为坐拥百万粉丝的佼佼者。某位博主截至 2022 年 3 月 30 日所获的点赞、收藏数据如图 2-21 所示。

数据概览

千瓜指数	粉丝总数	关注数
932.29	423.06万	7

笔记数	点赞总数	收藏总数
448	580.86万	796.78万

图 2-21 某健身博主的相关数据（数据来源：千瓜数据）

该健身博主之所以能在热门领域获得如此成绩，主要是其视频笔记具备以下三大特点。

2.5.1 拒绝同质化内容，追求独特性

在众多健身类的视频笔记中，"摆脱拜拜肉""练出天鹅颈""瘦腿"等是非常常见的主题，这些健身教程不外乎从两点出发制作内容：首先是部位，即针对手臂、肩背、胸腹等部位进行瘦身、塑形；其次是症状，比如针对办公室久坐之人常出现的腰酸、背痛、肩颈痛等症状进行调节、舒缓。

这些内容的确是干货，极具实操性，也是新手运营最容易着力的内容点，但这样做也会使自己的笔记内容同质化严重，失去独特性。毕竟健康、科学且正确的健身方式并没有太多的花样，很难在内容上有出人

意料的创新。

该博主却不拘于从这两个角度教授健身动作,在她的笔记中,有不少视频是在为健身爱好者"纠错"。比如该博主在小红书上发布的名为《翘臀不粗腿的真相》的视频笔记,如图2-22所示,首先抛出了一个困扰许多人的问题:为什么练习翘臀之后会出现粗腿现象?

在接下来的内容中,该博主示范了常见的错误动作,并详细讲解了不同的错误会导致什么样的负面效果。等到"纠错"结束,她开始对正确动作进行分解讲解,进入所有人都熟悉的动作教学环节,并通过字幕的形式反复强调动作误区与要点,如图2-23所示。

图 2-22 提出问题的视频截图　　图 2-23 该博主视频中的提示语

在教授动作时提醒动作误区,其实是运营者在制作健身类视频笔记时常选择的内容,但直接将"纠错"作为视频的主题呈现,却比较少见。

该博主在健身内容上做出了更丰富的尝试,而以"纠错"为题的健身视频,无疑也会得到比寻常健身视频更多的好奇与关注。同时,由于强调了对错误动作的纠正,用户会对该博主有更多的信任,对其健身教学类的内容更有兴趣。这也是该博主健身内容脱颖而出的最佳助力。

2.5.2 另辟蹊径,在热圈里关照"冷门"受众

在该博主的视频笔记中,最常出现的标签就是"零基础"。单看这个前提,或许许多人不会认为该博主寻找的内容受众有多特别,但如果这个"零基础"之前再加上"66岁"呢?

发布于2022年3月的视频笔记里,有一个名为"66岁零基础"的系列笔记(如图2-24所示),该博主在这一系列的视频笔记中,跟踪记录了一位66岁零健身基础的女士的瘦身塑形之路,每隔一天展示一次其体态变化。

图2-24 "66岁零基础"系列笔记

在许多人心中,健身、塑形似乎是精力充沛的年轻人的选择,很少有人会意识到健身塑形实际上与年龄无关,许多健身类视频往往也默认了受众群体的年龄层限制,鼓励50岁以上的群体自信健身的内容少之又少。

虽然小红书上的用户以年轻女性为主,但平台上还是分布着许多年龄在34岁以上的中年用户。该博主利用"66岁零基础"这个不常见的点,极大程度上扩大了目标用户范围。在该博主的小红书主页,还有不少以个例为主线,记录其日常健身之后的具体变化的系列视频,其中展示的主体多为中年女性或生育过多个孩子的女性。这也从另一个角度证明了她的健身方法足够有效,处于不同年龄层、不同身体状态的用户都可以参考。

该博主还记录了自己 60 岁母亲健身前后的变化，并且多次在展示其他个例时将母亲作为对比模特共同出镜。在她的健身视频中，不仅有个例的前后对比图，还常常存在同一练习模式下，不同年龄状况、不同身体状态的对象共同出镜，形成更加直观的效果对比。

这种呈现方式对于用户而言非常直观，大部分用户花费大量的时间、精力和体力健身、塑形，就是为了拥有健康的好身材。而博主采用的这种记录式的健身方式，不仅可以很好地展示其健身方法的具体效果，还能够极大程度地刺激用户，让用户在健身这件事上更加坚定。

如果你是健身博主，也要像这位博主一样，除了产出优质的内容来吸引用户，还应该学会制造"噱头"，从一些比较新奇的角度出发，比如"办公室舒缓肩颈""站立式运动，强效瘦小腹"等，来吸引不同年龄阶段的用户，并且满足他们的需求。只有这样，账号吸引到的用户才会越来越多，而且用户黏性才会更强。

2.5.3 还原课堂，让跟练更正式

除了上文提到的两点，在呈现形式和风格上，该博主也和其他的健身博主有所不同，其他博主一般采用的是跟练的模式，选择一首合适的背景音乐，跟着律动开始健身，有的博主可能会穿插一些动作讲解，但都比较粗略，相对而言不够细致。

在小红书上寻求健身塑形方法的用户，往往没有足够的时间和精力跟着博主练习，而且这种纯跟练的方式因为博主和用户之间缺乏互动，用户也很难坚持下去。

该博主在呈现形式和风格上打破了这一固有形式，熟悉该博主的用户都知道，该博主在视频中进行健身动作教学时，手上都会拿着一根形体棍，详细地指导用户该怎么做，如图 2-25 所示。

图 2-25 该博主的教学视频笔记

这种还原课堂式的教学方式,一来可以让用户在跟练时感到更加正式,促使他们对待健身的态度更加严肃、认真;二来可以和用户进行比较良好的互动,拉近彼此的距离。比如她经常在视频中说:

"你们开始了没有呢?"

"大家敢不敢相信?"

"能听懂这个意思吗?能听懂是不是?"

"所以希望大家一定要相信自己,也要相信我,给我一个机会,给大家带来一些专业的知识,带领你们健康地瘦下去。"

这种强互动并且反复提问的方式不仅能够很好地鼓舞人心,也能增强博主本人的亲切感,还能打造博主"保姆式健身教练"的人设,陪伴用户成长,从而让用户在跟练时更加认真、放松。

在竞争比较激烈的情况下,运营者想要从市场中分得一杯羹,就要学会创新,做到"人无我有,人有我优",不断地学习、探索,满足用户的需求,只有这样,创作出来的内容才会更受用户喜爱,账号才能长远地发展下去。

第3章
笔记内容如何霸屏小红书

优质的内容是内容平台的核心。运营者想要在竞争激烈的小红书上占得一席之地就要创作出足够优质的、对用户具有强大吸引力的内容。如何才能打造出爆款优质内容,让笔记霸屏小红书呢?本章将对这一问题进行透彻的分析,全方位帮助运营者输出高质量内容。

3.1 小红书里什么内容更吸引人

某小红书博主于2022年3月14日发布了这样一篇笔记,如图3-1所示。

图 3-1 小红书上的一篇笔记

在小红书上，和这位博主有同样困扰的运营者不在少数，他们经常困惑于自己精心创作的笔记数据一般，随随便便发布的笔记却突然火了。因此在许多运营者看来，笔记能否取得好的效果全靠运气，运气好，笔记很快能上热门；运气不好，笔记发布后无人问津。

一个内容的火爆确实存在偶然性，但作为专业的运营者，如果总想着靠这种偶然因素来创作笔记，"押宝"一般期待笔记能突然取得不错的效果，是无法长久的。

从长期主义的角度出发，运营者应该从平台的热门笔记中寻找规律，找到热门笔记受欢迎的原因，想办法将这种偶然变成必然，从而确保自己创作的每一篇笔记都能"霸屏"小红书。

那么，到底什么样的内容更受小红书用户的欢迎呢？小红书是一个"种草"平台，"种草"和"拔草"这两大类内容肯定是用户最感兴趣的。除此之外，随着小红书定位的迭代，年轻用户群体不断聚集，干货类、趣味类、生活类这三大类内容当前在小红书上也比较受欢迎。

3.1.1 "种草"：购物分享

在小红书上，对于用户来说最具吸引力的当然是"种草"类笔记了，这是由小红书本身的特性决定的，很多用户对小红书的初始印象就是"种草"。关于什么是"种草"，本书的开篇已经详细介绍过，简单来说，是指运营者通过分享自己的购物心得，吸引用户购买某件商品。

图 3-2 为小红书上的一篇"种草"笔记。

这是一篇十分典型的"种草"笔记，运营者用简单直接的口吻向用户推荐了几款速食粉面，通过诱人的图片和夸张的文字成功吸引了很多用户的关注，很多用户在评论区表示自己已经下单了其中几款。

这类笔记为什么受欢迎？原因非常简单，因为在当前的社会背景下，人们的选择越来越多样化，但是时间和精力却越来越碎片化。在时间和精力都不够用的前提下，每个人都希望自己在消费之前能够获得一些实质性的建议,从而帮助自己用更短的时间、更少的钱,做出更优的选择。

图 3-2 "种草"笔记示例

比如,应届毕业生小梦不久前收到了一家公司的面试邀请,她不知道面试时应该穿什么样的衣服才能给面试官留下不错的印象,增加被录用的概率。作为小红书的资深用户,小梦想到了在小红书上寻找答案。

她在小红书上搜索"面试穿搭",仔细观看了几篇与之相关的笔记后,她被"种草"了几套职业装。一番比较之后,小梦结合自身的实际情况购买了其中一套,前后只花了不到半小时。

经过多年的发展和沉淀,小红书已经将"种草"的内容基因深深刻进了用户的心里。对于运营者而言,学会创作这类内容十分有必要。

那么,"种草"类内容如何创作才能更有吸引力呢?下面将通过一个案例来对此进行详细说明。

小红书上的一篇"种草"笔记如图 3-3 所示。

第 3 章 笔记内容如何霸屏小红书

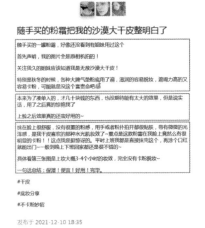

图 3-3 "种草"笔记

由上图可以看出,这篇"种草"笔记大致分成了三个部分,分别是描述现状、提出解决方案和结果对比,下面是详细解析。

一、笔记开头描述现状

博主为了增强笔记的吸引力,并没有在开头部分直接引出要"种草"的商品,而是通过一段描述,强调个人感受,通过自己的体验激起用户的好奇心,同时增强用户的代入感和共鸣感,让用户对博主产生初步信任。

笔记的开头部分除了描述现状和博主本人的自我感受,还可以描述人性弱点,比如"你是否有很多话要说,却不知如何表达""心里想的与实际说出来的不是同一个意思,导致误会"等。只要是能和用户产生共鸣的内容都可以放在开头作为笔记的铺垫。

二、笔记中间提出解决方案

通过开头将用户吸引进来并留住之后,接下来运营者就要着手引入要"种草"的商品了,毕竟这才是用户真正想看的内容。在这个部分,运营者需要针对笔记开头部分所描述的现状给出相应的解决方案,比如上述这篇笔记,运营者在描述完现状之后就顺势提到了自己想要"种草"

的商品。

正是这款商品让困扰自己许久的问题得到了解决,这种自然的衔接能够进一步打消用户的疑虑,增强他们对博主的信任感。笔记对用户的吸引力就更强了。

三、笔记结尾放大结果

最后,运营者还要在笔记的结尾部分放大一下结果,这样做是为了对前面的内容进行强调,进一步增强笔记对用户的吸引力和用户对博主的信任度。同时,这部分文字能够对全文起到升华的作用,让"种草"笔记更大程度地发挥作用。

以上就是"种草"类内容的创作逻辑,运营者在创作这类内容时可以加以借鉴,再结合账号本身的定位和风格,就可以创作出具有吸引力的"种草"笔记。

3.1.2 "拔草":雷区勿入

在小红书上,第二种比较受欢迎的内容是"拔草"类内容。和"种草"相对,"拔草"用作网络词汇时,表示消除用户的购买欲望,在小红书上是指运营者通过自己过往的消费经验和消费体验劝说其他用户理性消费,选择最适合自己的商品。如果"种草"类内容是告诉用户如何花钱,那么"拔草"类内容就是告诉用户如何省钱,把钱花在刀刃上。

比如,小红书上这一篇标题为《身体乳黑榜,进来省钱!这些别买!!》的笔记就是一篇"拔草"笔记,如图3-4所示。

运营者在这篇笔记中罗列了5款不值得购买的身体乳,并且阐明了具体原因,告诫用户避开"消费陷阱",不要踩雷。在小红书上,用户对于"拔草"类笔记非常喜闻乐见,这是因为相较于线下购物,线上购物有一定的局限性,用户对商品的了解只能通过几张图片和卖家的描述,所以他们非常想知道一些关于商品的真实评价,从而更好地判断自己是否该购买该商品。

图 3-4 "拔草"笔记

另外,当前在小红书上,尽管平台管控力度较大,但仍然存在一些真假难辨的"种草"笔记,出于资本的"逐利性",一些无良商家和运营者会夸大商品效果,甚至虚假宣传。在没有防备的情况下,用户难免会落入一些"种草"陷阱。所以很多用户急需一些真实的测评和反馈,帮助他们权衡利弊,从而做出更好的选择。

那么,"拔草"类笔记如何创作才能更具有吸引力呢?

事实上,这类内容的创作技巧和"种草"类内容并没有本质上的区别,创作思路也比较相似,只不过"种草"类内容需要突出的是某件商品好,具体好在哪儿;而"拔草"类内容需要突出的则是某件商品不好,为什么不好。只要弄清楚这一逻辑,"拔草"类内容创作起来非常简单,具体方法如下。

一、突出和"拔草"相关的关键词

为了吸引用户的注意,运营者在创作"拔草"类内容时,可以在笔记的封面图片、标题文案及正文内容中突出"黑榜""有效避雷""别买""辟谣""虚假宣传""消费陷阱""拔草"等词,如图3-5所示。

图 3-5 "拔草"笔记示例

二、在笔记正文中突出使用效果

和"种草"笔记一样,运营者在创作"拔草"笔记时,同样也需要突出使用效果,这样做一方面可以彰显笔记的真实性,让用户明白运营者吐槽某款商品不是信口开河,而是基于自身使用感受得出的结论;另一方面,这种描述性的语言可以增强用户的代入感和共鸣感,从而让用户和运营者之间产生信任联结,帮助账号发展得更好。

"种草"和"拔草"都是流量经济的产物,在"流量为王"的网络空间,尤其是以"种草""拔草"为主要属性的小红书上,运营者想要抓住用户的心,就要学会创作这两类内容。

3.1.3 干货:实用技巧

在小红书上,第三种比较受欢迎的内容是"干货"。所谓"干货",就是指有价值、能使用户获利的内容,这类内容最需要突出的就是"实用"二字。例如,小红书账号"秋叶"发布的这篇笔记就是一篇干货笔记,如图3-6所示。

图3-6 "秋叶"发布的干货类笔记

这篇笔记无论是标题、封面,还是正文的构成都十分简单,但是这篇笔记发布不到一个月,就收获了7.3万点赞、5.6万收藏。原因就在于这篇笔记中的内容对于用户来说非常实用,是用户切实需要的东西。

随着生活环境的变化及认知水平的提高,人们所追求的事物也发生了诸多变化。除了追求物质上的东西,人们也渴望获得精神上的成长,很多人希望通过阅读小红书笔记,来增长见识、拓宽视野、学习技能,最终达到提升自我的目的。

比如,许多人在浏览小红书笔记时,当看到有关健康、瘦身、塑形类内容时,总会不自觉地点赞或收藏。这类内容受欢迎的原因和"种草"类内容比较相似,人们的生活节奏越来越快,时间和精力都变得越来越碎片化。为了不浪费时间和精力,提高生活、工作的效率,几乎每个人都希望花费更少的时间和精力获取更多有价值的信息。

干货类内容在小红书上到底有多受欢迎,可以通过第三方的监测数据进行了解。千瓜数据平台的小红书热门笔记排名如图 3-7 所示（截至 2022 年 2 月 16 日）。

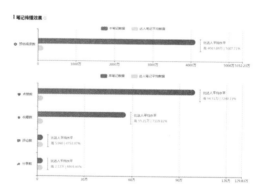

图 3-7 千瓜数据平台的"热门笔记"排名

那么，这类内容的创作技巧有哪些呢？

一、突出和"干货"相关的关键词

和"拔草"类内容相似，为了吸引用户的注意力，运营者在创作干货类内容时，也需要在封面图片、标题文案中突出"干货满满""赶紧收藏""实用""保姆级教程"等词语。除此之外，还要确保正文内容能够为用户提供价值，让用户看完之后自发地点赞、收藏。

二、正文结构和排版要清晰

前文有提到，干货类内容最需要突出的是"实用"二字，既然是相对实用的内容，字数方面可能就比一般的笔记要稍多一些。那么，运营者在创作笔记时，就要格外重视正文的结构和排版，关于文章的结构和排版如何才能更加清晰，后文会进行详细介绍，此处不赘述。

总而言之，当运营者在创作干货类笔记，尤其是字数比较多的干货类笔记时，除了要确保笔记有实用价值外，还需要注重笔记的视觉效果，让笔记给用户带来更加舒适的视觉体验。

小红书上的一篇优质干货笔记如图3-8所示。

图3-8 优质的干货笔记

由图可以看出，这篇笔记的封面图片和标题文案都强调这是一篇干货笔记，目的在于告诉用户如何提升审美能力。主题清晰，吸引用户点击阅读笔记。

从结构上来看，这篇笔记在开头部分阐明了本篇笔记所要阐述的主要内容，然后以非常清晰的结构罗列了4个与主题贴合的关键点，并且对每一个关键点都进行了详细的说明，让用户一看就能懂，而且视觉上也不会感到非常疲劳。

另外，运营者在创作干货类内容时尤其要注意，如果笔记本身不具有实用价值，就不要在封面图片和标题文案中突出"干货"之类的字眼，否则用户满怀期待地点进来，再失望地退出去，不仅非常影响用户体验，还会破坏账号在用户心中的形象，不利于账号后续的发展。

3.1.4　趣味：快乐至上

在小红书上，第四种比较受欢迎的内容是趣味类内容。如果说干货类内容是因为能给用户带来实用价值而受到用户的欢迎，那么趣味类内容就是因为能给用户提供情绪价值而受到喜爱。

许多人都有过这样的感受：在生活和工作中，幽默诙谐的人往往比呆板木讷的人更受欢迎。事实上，不仅是人，内容也是如此。比起单调枯燥的内容，新奇有趣的内容往往更受用户青睐，因为这类内容可以在很大程度上满足用户的娱乐需求，让他们感到开心、快乐。

当前，在小红书上有非常多把趣味性作为主攻方向的账号。例如，某账号的运营者是一位生活在东北农村的单身女孩，账号主要记录了她在东北农村的生活，以她和母亲的"互怼"对话为主。

视频中的母亲巧舌如簧、能言善辩，经常上演"花式催婚"，让女儿哑口无言。很多用户，尤其是年轻的单身用户表示在该博主母亲的身上看到了自己母亲的影子，纷纷在评论区和博主进行互动。

除了上演母亲"花式催婚"的戏码，该账号还经常发布"花式怼亲戚"的相关内容，很好地迎合了当代年轻人的喜好和需求。比如该账号2022年1月发布了一篇标题为《当代年轻人过年怼亲戚指南》的笔记，如图3-9所示，内容真实，对话充满了趣味性。一经发布，立刻受到了用户的广泛关注，截止到2022年2月，这篇笔记点赞量达到了31万，收藏量达到7.2万，评论数量也超过了5500条。

随着社会环境的变化，现代都市人的生活、工作压力都比较大，闲暇之余，人们都想观看一些轻松、愉快的内容来调节一下压力，让身心得到放松。这也是趣味类内容在小红书上受到欢迎的主要原因之一。比起其他类内容，这类内容的受众更多、传播范围更广，能在短时间内为笔记带来较大的流量。

《当代年轻人过年怼亲戚指南》
这知识想真得学 #搞笑视频 #记录我的农村生活 #回家过年
#小红书的猫咪

图 3-9 趣味类笔记

对于想要创作趣味类内容的运营者，有哪些创作技巧可以借鉴呢？

一、笔记要具有戏剧性

常见的聚焦趣味性的内容包括恶作剧、抖包袱、讲段子、模仿秀等，这些看似荒诞、戏剧化的表演，往往能带给用户冲击和反差，让人收获快乐。除此之外，运营者还可以在内容中添加一些稀奇、新鲜的元素，激发用户的好奇心，在吸引用户注意的同时，帮助用户疏解现实生活中的压力，从而快速拉近创作者和用户之间的距离。

二、学会制作视频

在小红书上，趣味类笔记更多是以视频笔记的形式呈现，因为视频由图像和声音组成，比起图文笔记能更好地渲染气氛。因此，运营者要想使笔记的趣味性更浓，除了在内容脚本上下功夫，还可以从图像和声音切入。尤其是配音，运营者在创作笔记时可以选择一些自带趣味属性的背景音乐。背景音乐选得合适，对笔记的加成作用是非常大的。

3.1.5 生活日常：人间真实

在小红书上，第五种比较受欢迎的内容是生活记录类。这类内容和趣味类内容比较类似，都是通过为用户提供情绪价值来吸引用户。只不过和趣味类内容相比，这类内容更注重真实性。

比如，这一篇标题为《103秒沉浸式独居》的笔记就是一篇生活记录类的笔记，如图3-10所示，这篇笔记展示了上班族下班回家之后所做的事情：换衣服、喝水、做饭、吃饭、洗澡等。

图3-10 生活记录类笔记

这些生活化的场景之所以能够得到广大用户的喜爱，是因为它是真实存在的。它既没有浮夸的表演，也没有不符合实际的场景，让人看过之后能够非常自然地产生一种亲切感，从而引起人们的共鸣。所以这篇笔记发布不到一个月就收获了3.3万点赞和1.0万收藏，其受欢迎的程度可见一斑。

当然，这类内容在小红书上受到欢迎除了用户的原因，还有平台自身的原因。受社会环境和其他因素的影响，小红书曾因平台上的用户私自发布一些虚假的、不符合真实生活的内容而下架调整。所以，近年来小红书官方格外强调真实，提倡和鼓励用户发布多元但真实的笔记内容，这一点从小红书官方在 2021 年 4 月发布的新的《小红书社区公约》就能看出来。

既受用户欢迎，又被平台所提倡，所以创作这类内容对于运营者来讲自然有诸多便利之处。那么，这类内容应该如何创作才能更具吸引力呢？

一、真实是第一要义

这类内容总的来说没有什么特别需要强调的创作技巧，重点就在于笔记必须真实，越是真实、接地气的内容越能受到用户欢迎。比如下面这个案例，运营者本人是一位重返职场的全职妈妈，她的笔记就是记录自己的日常生活，上班、下班、接送孩子、做饭、吃饭等。

该账号的笔记既不讲究运镜，内容也没有过多的修饰，即便如此，该账号还是收获了很多粉丝，如图 3-11 所示。

图 3-11 小红书某账号主页

这类内容相对其他内容而言，创作成本和创作门槛都较低，非常适合新手运营者。运营者在创作这类内容时，无须掌握过多的拍摄、运镜技巧，而且后期的剪辑、配乐也非常简单，这类笔记要的就是真实，越真实的内容越容易吸引用户。

二、内容不能过于随意

虽然真实是这类内容的第一要义，但是运营者在创作这类内容时，绝不能因为注重真实而过于随意，甚至忽略笔记整体的美感。因为小红书和其他平台有所不同，小红书上的用户以年轻的职场白领和精英人士为主，且女性居多，这类人对美的追求和向往比较强烈。在小红书上，呈现在用户面前的任何笔记内容都需要传递积极、正向的价值观，让人们感受到生活的美好。所以运营者要记住，创作这类内容，真实和美好一样重要，哪方面都不能忽略。

当前，小红书越来越像现实世界的延伸，人们非常向往通过小红书看到其他人的不同的生活方式，别样的生活方式对人们来说往往具有极大的吸引力。鉴于这一点，小红书运营者大可大方分享自己真实的日常生活，说不定会有意想不到的收获。

以上便是当前在小红书上比较受欢迎的五大类内容，小红书运营者可以根据自身所处的领域来选择创作方向，但是无论创作什么样的内容都要记住一个原则，即对用户有价值。只有能为用户提供价值的内容才能吸引到用户，受到他们的欢迎。

3.2 小红书爆款笔记三要素

虽然很多运营者都非常清楚地知道小红书上哪些内容更吸引人，但并不是每一位运营者都能成功地打造出爆款笔记。爆款笔记的标准是什么？根据千瓜数据平台的解释，在小红书上，一篇笔记是否为爆款，评判要素有两个，一是笔记发布后，12小时内点赞量达到1000以上；二是笔记发布后，累计点赞量达到5000以上。

为了达到这一效果，运营者们不断探索、尝试，花费了很多时间和精力，总结出了一些打造爆款笔记的秘诀：内容清晰丰富、信息量大、实用性强、垂直度高、标题有噱头、运营者颜值高、内容有争议、能和用户产生共鸣……

不可否认的是，这些要素都会对小红书笔记能否成为爆款产生一定的影响，但是运营者在创作笔记时，由于内容方向和侧重点不同，不可能兼顾每一个方面。因此运营者需要明确在打造爆款笔记的过程中，哪些才是最关键的、能够在第一眼就将用户吸引住的要素。

决定一篇笔记能否成为爆款的最基本的关键要素有3个，分别是标题、封面和正文。

3.2.1 标题：眼前一亮

在小红书上，决定一篇笔记能否成为爆款的第一个关键要素是标题。关于这个问题，一些新手运营者可能会提出这样的疑问：花一个小时创作内容，花两个小时想标题，会不会有点本末倒置？毕竟用户打开小红书的首页，有可能无暇顾及占据屏幕比例很小且有可能显示不完全的标题。

关于这一点，很多资深运营者都强调过，花两个小时乃至更久的时间为笔记取一个让人眼前一亮的标题非常重要且必要，这绝不是本末倒置。因为尽管标题占据屏幕空间的比例比较小，但它是决定用户是否愿意点击查看笔记详情的关键因素之一。也就是说，如果一篇笔记的标题不能在短时间内抓住用户的心，那么它的打开率将非常低。

如何取一个极具吸引力的标题呢？结合众多小红书达人的创作思路，这里给运营者整理出了一套小红书笔记标题写作思路，能够帮助运营者在1分钟之内创作出具有吸引力的标题，具体分为两个步骤。

第一步：确定核心关键词

这是非常重要的一点，运营者仔细观察小红书上的爆款笔记就能发现，几乎每一篇爆款笔记的标题，核心关键词都非常突出，让用户只看一眼就能了解这篇笔记的重点。无论是什么类型的笔记，标题中的核心关键词越突出，越能在短时间内抓住用户的目光，而且被搜索到的概率也更大。

核心关键词如何找？运营者可以通过千瓜数据、百度指数、微信指数等平台评判某一个词的关键性和热度，或者可以直接在小红书搜索界面查看目前在小红书上搜索热度比较高的词。比如，在情人节即将来临的时候，"情人节礼物""约会妆容""约会圣地"等就是热度较高的关键词。

注意，运营者在确定核心关键词时，一定要考虑到它和内容的关联度和契合度，不能一味地为了追求热度在标题中使用一些和内容不符的关键词，否则即便用户通过标题点击进来，也会因为文不对题再退出去。这就会导致笔记的打开率很高，但是互动率很低，不利于后续的发展。

第二步：将关键词嵌入标题写作公式

确定好核心关键词之后，接下来运营者需要将关键词嵌入标题写作公式中，在小红书上，常见的标题写作公式有以下两个。

公式一：落差公式

落差公式，顾名思义，需要突出的就是前后落差。前半句结果好，后半句结果不好；或是前半句结果不好，后半句结果好。

常见的以这个公式创作的标题如下。

《反复长痘？用急救祛痘法，一夜消痘不留印》

《本以为是王者，结果连青铜都不如，心里苦啊》

《考了5次都没考上？你的学习方法可能是错的》

公式二：结果公式

结果公式，要突出的自然就是结果了。运营者用这个公式创作标题，要学会营造具体的场景，让某一件事情具体化，这样才能更好地突出结果。此外，为了突出、强调结果，还可以在结果之后加上一些保证或语气助词。

常见的以这个公式创作的标题如下。

《两分钟搞定的美味早餐，学会多睡十分钟》

《每天一刻钟，有效改善勾肩驼背》

《学会做这个底料，你就是厨房小霸王》

运营者在创作笔记标题时，可以多参考同赛道下其他账号的标题，分析其优缺点及自身内容的独特性，结合账号和内容的定位，取一个合适的标题。除此之外，运营者还可以在标题中融入热点，学会"蹭热度"，这样也能有效帮助笔记获得不错的效果。

注意，目前小红书限制标题在 20 个字符以内，在创作标题时，运营者要尽可能精简语言，有针对性地吸引用户的注意力。

另外，运营者要知道标题只是决定笔记是否能成为爆款的其中一个要素，除了标题之外，笔记是否能成为爆款还受到很多其他要素的影响，比如封面、内容等。因此，除了要认真创作标题，运营者还需认真对待其他要素。

3.2.2 封面：赏心悦目

决定一篇笔记能否成为爆款的第二个关键要素是封面图片。前文也有提到，就小红书 App 的展示机制来看，一篇笔记的封面占据屏幕的比例要远远超过标题占据屏幕的比例。因此，一张好的封面图片对于笔记的效果影响也非常大。精致、漂亮、显眼的图片会让用户第一时间想要点击查看内容详情，笔记的效果也会大大提升。

当前小红书笔记有两种创作形式，分别是图文笔记和视频笔记，这两种形式的笔记对封面图片的创作要求有一定的区别，以下是详细说明。

一、图文笔记封面制作要点

小红书运营者首先需要了解的是图文笔记封面的尺寸，这一点很重要，因为如果封面图片的尺寸不正确，就会严重影响其展示效果。

基于小红书特有的展现形式，小红书官方推荐了 3 种图文笔记封面的适用尺寸，分别是竖屏（3:4）、横屏（4:3）和正方形（1:1），如图 3-12 所示。小红书运营者可以根据手中的素材选择尺寸。

需要注意的是，横屏（4:3）比例的图片占据的屏幕空间要小一些，相较于竖屏（3:4）比例的图片，可展示的信息更少，有可能被用户忽视。因此，官方建议小红书运营者在选择图片笔记封面的尺寸时，尽可能选择竖屏（3:4）比例。

竖屏（3:4）　　　　　　横屏（4:3）　　　　　　正方形（1:1）

图 3-12 图文笔记的 3 种封面尺寸

接下来，小红书运营者需要深入了解在小红书平台上哪些类型的封面更受用户的欢迎。下面介绍 4 种当前在小红书上使用率比较高且比较受用户欢迎的封面图片。

1. 海报大片

作为一款代表着精致、美好的生活方式的分享平台，运营者想要在小红书上打造出爆款笔记，就应该学会创作能让人赏心悦目的图片。既然要通过一张图片吸引用户的目光，那么这张图片就要带给用户强大的视觉冲击力，运营者可以使用海报大片作为封面，让用户在看到图片的一瞬间感受到美好。

图 3-13 为小红书某博主发布的一篇以海报大片作为封面的图文笔记。

这样高质量的海报大片无论是在推荐界面还是搜索界面都能迅速抓住用户的眼球，促使用户点击笔记查看详情。制作这一类图片需要运营者具备一定的摄影技术，同时还需要运营者有一定的后期编辑能力，比如上述这个例子中的封面，运营者就在图片本身的基础上利用图片编辑工具添加了文字，让图片看起来更有海报的效果。

图 3-13 海报大片作封面的笔记

不过，如果不会使用 Photoshop 等软件，运营者也不必过于担心，小红书为了让运营者创作笔记更加轻松，提供了相应的功能。运营者在发布笔记时，选择上传要发布的图片后，可以借助小红书对图片进行二次编辑，如添加滤镜、添加文字和贴纸等。当然，除了利用小红书自有的编辑功能，运营者还可以使用其他的图片编辑类 App，如黄油相机、一甜相机等。

2. 拼贴式图片

以拼贴式图片作为封面的笔记在小红书上也比较多见。当想要展示的元素较多，一张图片不够用时，运营者就可以采用这种方式，将多张图片进行拼贴，提升封面的吸引力。

用这种形式的图片作封面图片有两个好处，一是图中的元素比较丰富多元，能更大概率地吸引到更多偏好不同的人；二是精心设计过的图片在排版上视觉效果更好。

拼贴式图片多用于美食盘点、好物种草、旅游攻略、穿搭分享等内容，如图 3-14 所示。

图 3-14 拼贴式图片作为封面图片的笔记

使用这种类型的图片作为封面图片时需要注意,为了避免图片过于凌乱、没有重点,运营者在对所有的图片进行设计、排版时,要保持各个元素的风格、色调、氛围的一致性,让整体看上去更加协调。另外,如果在这些元素中有重点需要突出,则可通过加粗或调整颜色的方式突出显示,让内容主题一目了然。

3. 对比类图片

在小红书上,用对比类图片作为封面图片的笔记也不在少数。通常情况下,健身减肥、美妆护肤、穿搭分享等品类的笔记常用对比类图片,目的在于通过对比形成的巨大反差来展现积极的改变。

小红书上比较常见的以对比类图片作为封面图片的笔记如图 3-15 所示。

使用这种类型的图片作为封面图片时需要注意,对比图的重点是突出变化,前后的反差要尽可能大一些,只有这样才能在更大程度上引起用户的注意。但是运营者在进行创作时不能为了突出变化就弄虚作假,用户观看这类笔记更追求真实感,那些虚假、夸大、失真的图片不仅无法吸引用户,还会引起用户的反感。

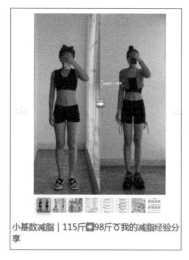

图 3-15 对比类图片作为封面图片的笔记

4. 纯文字图片

随着小红书的发展,用户的多样性越来越强,而且他们对于高质量内容的需求也在不断提升。鉴于此,运营者在设计封面图片时可以不局限于高颜值美图,还可以尝试用纯文字内容作为封面。

用纯文字内容作为封面图片更适用于干货分享、硬核教程、知识科普等笔记。因为笔记中涉及的内容过多,需要通过这种方式在封面中使用若干关键词向用户介绍笔记的主要内容,以此来吸引用户关注。

需要注意的是,用纯文字内容作为封面图片时,如果图片中的文字内容过于枯燥、单调,对于用户来说就不具备吸引力。虽然笔记内容可能对用户来说有一定用处,但是如果缺少了趣味性,用户点击查看笔记详情的概率就会大大降低。

因此,即便是以纯文字图片作为封面图片,运营者在设计时也应该追求美感与趣味性,具体可以从字体、排版等方面着手,让文字看起来不那么单调,如图 3-16 所示。

图 3-16 纯文字图片作为封面图片的笔记

二、视频笔记封面制作要点

和图文笔记一样,要想给用户带来更好的第一印象和视觉体验,在设计视频笔记的封面时,也要先了解视频笔记封面的可用尺寸。

目前,小红书为了鼓励创作者进行视频创作,大大放宽了对视频笔记的各种限制。就视频的尺寸而言,无论是横屏(4:3/16:9)、竖屏(3:4)、正方形(1:1)还是全屏,平台都支持。但是视频笔记的封面却只有 3 种尺寸可供选择,分别是横屏(4:3)、竖屏(3:4)及正方形(1:1)。

和选择图文笔记的封面尺寸相似,官方建议运营者选择竖屏(3:4),原因同图文笔记。

小红书上常用的视频封面有 3 种类型,分别是默认封面/视频截图、图片+文案及视频框封面。

1. 默认封面/视频截图

这种默认封面的形式是最为简单的,不需要运营者额外再对视频的封面进行设计、编辑。一般情况下,在上传短视频后,平台会默认将视频的第一帧画面作为视频的封面。如果运营者认为第一帧画面不适合作为封面，也可进行拖曳，在视频中找到适合作为封面的截图，将其作为封面。

这种从视频中截取一帧作为封面的形式一般适用于风光摄影、美妆教程、美食分享等品类的内容。

需要注意的是，这种形式虽然简单，但是对视频本身的质量要求非常高，需要视频中有适合作为封面的内容。如果视频中找不到十分合适的画面，一般不建议采用这种形式。

2. 图片 + 文字

许多运营者为了突出视频的具体内容，会在视频的封面图片上添加一些文字，如图 3-17 所示。

图 3-17 图片 + 文字作为封面图片

用这种形式的图片作为视频笔记的封面时，需要运营者事先设计好一张有吸引力，最好是和视频内容相关的图片，并在图片的显眼位置添加文字内容，然后将其设置为封面。如果是知名度比较高的 IP，封面图片只要选取有辨识度的内容即可，无须在图片上下太多功夫，如图 3-17 所示的这篇笔记，因为运营者本身的知名度已经很高，所以她选用了自己的照片作为封面图片，再添加文字，在吸引用户的同时告知用户该篇笔记的主要内容。

当需要另外设置视频封面时，运营者要注意封面图片的尺寸要与视频本身的尺寸相吻合，否则整个视频看上去会非常突兀，影响用户体验。

另外,封面图片中的文字也不要过于堆砌,突出重点即可。

3. 视频框封面

视频框封面和图片+文字形式的封面很相似,都是图片和文字相结合,不同的是,短视频添加视频框之后,视频本身的空间也会被缩小。这就需要运营者在设计视频框时协调好视频框、文字、视频主体和其他元素的分布位置,不要胡乱堆砌,否则画面的整体风格会显得杂乱无章。

小红书上用视频框作为封面的优秀案例如图3-18所示。

相较于前两种形式的视频笔记封面,视频框封面可发挥的空间更大,一个兼具创意性和美观性的视频框封面足以让人眼前一亮。但与此同时,它的制作难度也更大,运营者如果想要尝试这种风格,需要具备过硬的专业技能和较强的审美能力。

图 3-18 视频框作为封面图片

三、制作笔记封面需要注意的细节

无论是图文笔记的封面还是视频笔记的封面,运营者在进行设计和创作时,都需要注意一些细节,具体来说有以下两点。

1.封面文案的风格和内容要协调

当有必要在封面中引入文字时,小红书运营者需要注意文案的风格和内容要符合账号及内容的定位,不能为了噱头而设计一些不符合账号调性和内容风格的元素。

比如,萌宠类账号在设计封面时最好不要用过于厚重、正式的字体和文案;与之相反,如果职场教学或知识科普类的内容选用轻松、可爱的字体作为笔记封面也会显得非常不协调。运营者在设计封面文案时应该考虑到这一点,选择适合账号和内容调性的元素。

2.账号整体的封面风格要有一致性

许多运营者在创作小红书笔记时,为了吸引关注,总是结合当下流行的事物不断变换笔记的风格,随之也会不断设计新的笔记封面。

这样频繁变换笔记风格,短时间内可能会因为一两个热点颇受关注,但是长期来看,许多资深运营者都不建议这样做。

统一的风格有助于账号在用户心中形成固有印象,这对打造属于自己的个人IP非常有帮助。另外,如果笔记的封面总是不停地变换,账号的主页看上去就会极度不协调,这非常影响用户对账号的总体印象,不利于打造个性鲜明且独特的博主人设。

3.2.3 正文:干货满满

决定一篇笔记能否成为爆款的第三个关键要素是正文内容。如果说吸睛的标题和封面是为了能在更大程度上吸引用户的目光,让他们为笔记驻足,那么,优质的正文内容就是为了把用户留住,并且让用户对笔记做出进一步的互动,如点赞、评论、收藏等。

换言之,标题和封面只是引子。对于一篇笔记来说,能否成为爆款,还需要看它的正文内容是否能为用户提供价值。

通常情况下,运营者在创作小红书笔记的正文部分时,需要兼顾两个原则,如图3-19所示。

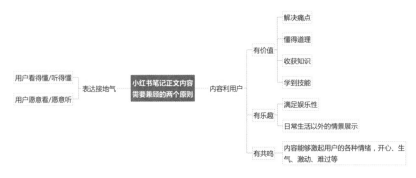

图 3-19 小红书笔记正文内容需要兼顾的两个原则

"内容利用户"强调的是内容本身要能够为用户提供价值,可以是实用价值,也可以是情绪价值,总之要让用户看完笔记之后有收获,这样才能为账号积攒流量和人气。

"表达接地气"则是强调运营者在创作正文内容时,行文、措辞要符合用户的阅读习惯,要让用户看得懂且愿意看,否则即便用户因为标题或封面点进来,大概率也会选择划走。

关于笔记内容如何才能为用户提供价值,前后文皆有更为详细的阐述,这里重点介绍一下正文内容如何表达才能更好地吸引用户,下面将通过一个实际案例来进行详细说明。

小红书上的一篇爆款笔记如图 3-20 所示。

首先,任何一篇笔记的正文内容要想更大程度地吸引用户,都需要做到全文有逻辑,整体内容的结构和条理足够清晰,否则用户可能没有耐心继续看下去。以图 3-20 中这篇笔记为例,它采用的是"总—分—总"式的结构。在正文的开头开门见山地引出本篇笔记所要阐述的具体内容,并引起用户的兴趣,吸引用户继续往下看;然后在正文的中间部分以分段的方式阐述具体的做法;最后在正文的结尾部分用一系列的祈使句加以升华,对整篇笔记做了一个简短的总结,同时号召用户进行互动,进一步拉近和用户的距离。

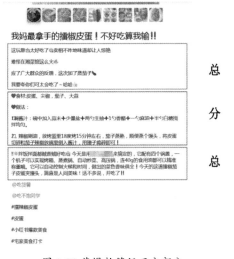

图 3-20 某爆款笔记正文部分

在创作小红书笔记时,"总—分—总"式的结构是最常用同时也是最不容易出错的逻辑结构,不管是图文笔记还是视频笔记,运营者在设计、创作正文内容时都可以使用这一结构。

其次,排版是运营者在创作笔记时需要注意的另一个关键问题。要想让用户看得懂、愿意看,清晰、直观的排版是非常重要的。否则即使内容再好,用户也不会愿意看。运营者在编辑笔记时可以通过分段的形式让笔记看起来更有条理。同时也可以像上述例子一样,在笔记中适当地添加一些表情符号,用来对内容进行区分,这样既能有效减少行文的枯燥感,让每个部分的内容都更加清晰明了,而且还能提升笔记的美观程度,增加阅读的趣味性。

简洁的排版可以在很大程度上缓解用户的视觉疲劳,让他们在阅读笔记时更加舒适。这样一来,他们对笔记的整体印象会不自觉地提升。

最后,正文的篇幅不可过长,目前小红书对笔记正文的字数限制是1000字,如果不是专业性特别强的内容,不建议文字过多。因为如果用户不是有专业性的需求,他们不会愿意花很长的时间去看一篇长篇大论的笔记。但是，一篇笔记的字数如果过少，又有可能会让用户一眼略过，同样不利于笔记取得良好的效果。

因此，建议运营者在创作笔记时，将字数控制在 500～800 字，这样既不长又不短的笔记才能更好地迎合用户，为笔记取得良好的效果提供保障。

标题、封面和正文是运营者在创作小红书笔记时需要格外注意的三个要素，只要掌握这三个要素的创作关键点，打造爆款笔记对于运营者而言绝非难事。

通常情况下，一篇笔记只要做好这三个方面，成为爆款的概率就会大大增加。但是为了让笔记的效果更好，运营者还可以使用一些小技巧，在笔记中添加一些额外信息。比如，在正文的结尾添加话题标签，参与一些讨论度比较高的话题，这样可以很好地提升笔记的效果，如上述例子中正文结尾处的"# 皮蛋""# 擂辣椒皮蛋""# 宅家美食打卡""# 小红书爆款美食"等都属于话题标签。关于如何找到合适的话题标签，运营者不必过于担心。在发布笔记的过程中，平台会根据笔记的具体内容自动生成很多标签，运营者根据需要自行添加即可。

再如，在笔记中 @ 其他用户或官方号，让笔记和平台上的其他内容产生互动和关联，可以帮助笔记增加曝光。注意，想要 @ 的用户必须是账号已经关注的用户，否则是无法 @ 的。

爆款笔记的打造，绝不是靠一个或两个要素就能实现。运营者在创作、发布笔记时，应该把握好每一个要素，保持它们之间的一致性，并协调好它们之间的关系，让所有要素共同发挥作用。

3.3 图文笔记的三大创作思路

运营者了解小红书笔记的三大关键要素和打造爆款笔记的有关技巧

后,接下来需要做的是进一步了解小红书笔记的创作思路和技巧。

图文笔记作为小红书当前最主要的创作形式,每一位运营者都应该对其创作的思路进行全面、系统的了解。

小红书上的图文笔记类型非常多,为了让这部分的内容更具有典型性和普适性,这里选取了小红书上比较常见的 3 种图文笔记类型,分别是攻略型笔记、知识型笔记和技术型笔记,下面将以这 3 种类型的图文笔记为例,深度剖析图文笔记的创作思路。

3.3.1 攻略型笔记:够实用

所谓"攻略",就是指用户希望通过阅读一篇笔记,找到一件事的解决办法,比如旅游前应该准备哪些东西,或者有哪些"坑"可以避免。和攻略相关的笔记,最需要突出的一个点就是实用。

前文多次提到,当前人们处在一个信息爆炸的时代,每天接触到的信息非常多,那些不具备实用价值的信息是很难得到人们的青睐的。

举例来说,某小红书运营者是一位旅游博主,日常致力于推广各地的民宿,截至 2022 年 3 月,拥有 1.2 万粉丝,收获点赞和收藏共计 36.8 万。可是翻看该博主的账号主页,又可以很清楚地看到,该账号发布的笔记效果极其不平均,相同时间段发布的笔记,有的获赞 3000 多,有的获赞才个位数,如图 3-21 所示。

同样都是和旅游相关的攻略型笔记,为何效果会有如此大的差别?重点就在于笔记的实用性。由图 3-21 可以看出,这两篇笔记都是在向用户介绍去往某一个地方的旅游攻略,每一篇笔记都包括当地的美食、住宿、游玩路线及注意事项等内容,但是第二篇笔记的点赞量却非常低。

原因就在于第二篇笔记看上去实用性不强,用户在第一眼看到第一篇笔记时,无论是封面图片还是标题文案都充分展现了这篇笔记的实用价值,而第二篇笔记在这两个方面都做得不够突出。用户一眼看不到笔记可以带给自己的价值,自然就不会细看其中的内容,笔记的效果也不会太好。

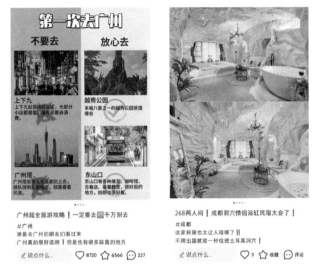

图 3-21 小红书某账号相同的时间段发布的两篇笔记

相较于视频笔记，图文笔记阅读起来比较烦琐，需要用户花费较多的时间和精力去仔细阅读其中的内容。因此如果不是实用性非常高的内容，用户肯定是不愿意浪费时间在这上面。即便因为某些原因最终看完了，也不会产生后续的点赞、收藏、分享等行为。

这也提醒运营者在创作图文笔记时，要格外注意保证内容的实用性，尤其是攻略型的笔记，只有实用性强的笔记才会吸引用户关注，而且更容易触发用户自发的点赞、收藏、转发等行为，笔记的效果才会更好。

3.3.2 知识型笔记：可复制

随着当前人们受教育程度越来越高，人们对于小红书的期望也越来越高，希望通过阅读小红书笔记获得知识，助力个人成长。这也就促成了知识型笔记的诞生和发展。

这类笔记最需要突出的一个点是可复制，这也是创作图文笔记的第二大思路。

举例来说，一位用户因为想要学习英语口语，关注了一位相关领域的博主，但是阅读该博主发布的笔记后，发现其中讲到的一些知识点非常假大空，不仅讲解得不够透彻，还非常难以理解，根本无法提高自身的英语口语水平。当用户有了这样的发现，之后就不会再关注这位博主及其所发布的笔记了。

当前在小红书上有很多在这方面做得还不错的博主，比如某博主的本职工作是一位总裁秘书，入驻小红书后，她一直在平台上分享和工作方法、商务礼仪、向上管理、职场穿搭相关的内容。

该账号发布的每一篇笔记几乎都是完全可复制的内容，不管是沟通话术还是职场穿搭，只要用户认真阅读笔记，基本都能成功复制。这位博主2020年9月入驻小红书，发布的笔记数量不多，甚至可以说比较低产，但是每一篇笔记的效果都很不错。很多用户都在笔记的评论区反馈内容非常有借鉴意义，而且可以直接套用，如图3-22所示。

由于当前人们的生活节奏较快，时间和精力都越来越碎片化，所以很多人在选择内容时，更倾向于那些拿来就能用的内容。而那些需要花费很长时间去理解、记忆的内容，大多数用户是不愿意接受的。

因此，运营者在创作内容，尤其是涉及和知识相关的内容时，要格外注意内容是不是可以轻松地被复制，需不需要用户花费很长的时间和很多的精力去理解，如果不能轻松被复制，轻松被理解，那么说明该篇笔记还需要再仔细打磨。在这个过程中，运营者可以换位思考，尝试站在用户的角度看看这篇笔记对自己是否有吸引力，这也是提升图文笔记吸引力的一个有效方法。

笔记评论

图 3-22 小红书上某篇笔记的评论区

3.3.3 技术型笔记：能落地

第三种比较有代表性的图文笔记是技术型笔记。这类笔记旨在教用户学会一个技能，所以这类笔记最需要突出的一个点便是能够落地，这也是运营者在创作图文笔记时需要掌握的第三大思路。

举例来说，一位年轻的女性用户想要在小红书上学习化妆技巧，如果她阅读了几篇笔记之后，经过多次试验，发现自己按照笔记中所讲解的方法并不能化出自己想要的妆容，不管怎么尝试，最终呈现出来的效果和图片中都存在较大的差距，这就说明笔记的实操性不够强。与之相反，如果一位用户想要学习某道美食的做法，在翻阅了几篇笔记之后，选择了其中一篇作为参考，经过练习，该用户将这道美食成功做出来且味道还不错，这样的笔记就属于实操性比较强的笔记，能得到用户的认可。

比如，作为一位穿搭类内容的运营者，和其他运营者通过视频来展示动态的穿搭不同,某小红书博主一直采用的都是图文笔记的创作形式。尽管图文笔记看起来没有视频笔记那般有动态美,但是这位博主在小红书还是收获了51.3万粉丝,获赞161.6万。之所以能够得到这么多用户的喜爱,就是因为这位博主发布的每一篇笔记都兼具了观赏性和实操性。用户在看到博主的穿搭后,可以实实在在地加以借鉴。

事实上,在小红书上,不管是技术型笔记还是其他类型的笔记,都非常讲究实操性。对于用户来讲,阅读完一篇笔记之后,能够学习到一项技能,并且这项技能还可以应用在实际生活中,帮助自己解决一些难题或是可以提升自己的生活品质,他们就会认为这篇笔记是一篇优质笔记,就会点赞、评论或收藏这篇笔记。当用户产生这些行为后,笔记的影响力自然就会得到提升,账号的整体发展也会更好。

图文笔记因为创作起来难度较小,所以对内容的要求更高,运营者在创作图文笔记时,应该遵循以上思路,创作出对于用户来讲够实用、可复制、能实操的笔记。

3.4 视频笔记的三大创作定律

随着社会的发展和科技的进步,在今天,内容视频化已经是大势所趋。比起静态的文字和图片,快速变幻的视频搭配实时音效,能在更短的时间内刺激用户感官,吸引用户停留。

为了顺应时代发展的潮流,迎合用户需求,小红书也于几年前推出了视频笔记这种创作形式,并且官方还通过流量扶持、运营一对一指导等措施鼓励运营者创作视频笔记。虽然从目前的情况来看,图文笔记仍然是小红书的主要创作形式,但视频笔记的发展势头绝对不容小觑。

因此,想要运营好小红书账号,运营者除了熟练掌握图文笔记的创作思路和技巧,还需要学习视频笔记的创作思路和技巧。基于小红书的特性，想要创作出受用户欢迎的视频笔记，运营者需要掌握以下三大定律。

3.4.1 "黄金三秒"定律

某博主于 2022 年 2 月 19 日发布了一篇视频笔记，截止到 2022 年 3 月 1 日，该篇笔记共收获 3.4 万点赞、5 万收藏和 155 条评论，如图 3-23 所示。

图 3-23 小红书上的一篇视频笔记

该篇视频笔记之所以能在这么短的时间内取得如此好的效果，和它在开头的 3 秒钟内所展示的内容有很大关系。开篇即以简短的文字告知用户本篇笔记所要阐述的主题是"家里最容易浪费的 8 个 1 平米"，对于有装修需求的人来说，这是一个痛点，是他们想要关注并亟待解决的问题，因此他们愿意继续观看下去，当他们认为笔记内容对自己有用时，就会点赞、收藏、评论。

简言之，这篇笔记在开头的 3 秒钟用一句话完美契合了用户的需求，从而吸引用户继续观看下去并产生了一系列的互动，最终帮助笔记成功登上了热门。业内人士给这关键的3秒钟起了一个名字——黄金3秒。

3秒钟，对于视频笔记而言是一个十分重要的时间刻度。在小红书上，每天产出的视频笔记数不胜数，用户只要动动手指就能享受到"刷之不尽"的笔记"盛宴"，这让用户的耐心变得非常有限。也就是说，如果一篇视频笔记无法在3秒钟内吸引用户，等待它的就只有被划走的命运。

那么，运营者怎么做才能让这3秒钟充分发挥作用，在更大程度上吸引并留住用户呢？答案很简单，即让内容和用户产生关联。只有站在用户的视角设置前3秒的内容，增强用户的代入感，才能让用户产生强烈的继续观看的欲望。

要让内容和用户产生关联，方法有很多，常见的有以下3种。

第一，激发用户的好奇心

比如，在笔记的开篇说"领证前一天分手，你想知道我经历了什么吗""零门槛副业，月入3K+，每个人都能做到""被推烂的这款粉底液，真的有那么好用吗"等。

第二，引起用户的共鸣

比如，在笔记的开篇说"小县城女生独自在大城市打拼，我该不该继续坚持""宝宝半夜突发高烧，一个人带娃的无助感，很多妈妈都有过吧""尴尬癌犯了，我该找个地缝钻进去吗"等。

第三，满足用户的某种心理

比如，在笔记的开篇说"你真的甘于平凡吗？不甘又怎样"（不甘落后的心理）"要这个还是要那个，好难选择啊"（纠结心理）"今天是我人生中最勇敢的一天，姐妹们一定要勇于尝试啊"（看热闹心理）等。

具体的方法有很多，每一个账号的定位、风格不一样，适用的方法也不一样，运营者需要根据自身的实际情况来设计这3秒钟的内容，只要把握一个原则，即让内容和用户产生关联即可。

若用户随意点开一篇视频笔记，在开头即感受到非常强烈的代入感，他们就会不自觉地继续观看该笔记,这样笔记前3秒的作用就发挥出来了。

需要注意的一点是,在实际运营的过程中,有很多运营者为了吸引用户,会在开篇的3秒钟运用极其夸张的表达手法,设置一些哗众取宠的噱头。当用户接着往下看,却发现内容华而不实,让人提不起兴趣。这种前后的反差会给用户带来极其不好的体验,一旦他们发现笔记内容偏离了自己想要观看的方向,就会选择划走,对笔记及账号的印象也会变差。这样即便前3秒的内容再精彩,也只能沦为无效的"黄金3秒"。

因此,运营者在创作内容时,要注意保持前后内容的一致性,不要顾此失彼,更不要因小失大。

3.4.2 "利益承诺"定律

视频笔记创作的第二个定律是"利益承诺"定律。什么是"利益承诺"?顾名思义,是指在视频笔记中告知用户看完这个视频,他们能得到什么或者能避免什么,让用户觉得看这篇笔记有价值、有收获,以此来增强他们对笔记内容的兴趣。

简单来讲,就是要学会在视频中埋"钩子",确保用户通过有效的"黄金3秒"初步留下来之后,不会轻易地"溜走",从而达到提升笔记播放量的目的,尤其是提升笔记的完播率。

通常情况下,在视频笔记中给用户"利益承诺"可以从以下4个方面来进行,分别是得到收获、规避风险、避免困扰及解决问题。

一、得到收获

这种承诺形式是告诉用户观看本视频,他们能得到、收获什么,这也是很多用户使用小红书的初衷。比如,美食博主教用户一道美食的制作方法、美妆博主教用户如何画腮红、知识博主教用户一个小知识、健身博主教用户一个健身方法等。

这种承诺更多地适用于一些偏向于发布实用性内容的账号,需要实实在在地教会用户一些技能或知识。如果在其中突出"简单""易学""省时"等字眼，用户会更容易被吸引。

例如，在视频中使用"每天5分钟，缓解肩颈酸痛，和我一起练吧""学会这道菜，你就是朋友口中的厨神，简单好上手""这些简单的收纳小技巧，让你的厨房不再乱糟糟"等文案。

二、规避风险

这种承诺形式是告诉用户观看本视频，他们可以避免什么样的损失。趋利避害是人的天性，人们都希望在做一件事情或是购买某件物品之前提前知晓一些风险，然后有针对性地进行规避。

因此，视频笔记中出现的一些针对风险的承诺也能在很大程度上吸引用户关注。这和前文提到的"拔草"类笔记比较相似，重点在于告诉用户不要做什么。

运营者在使用这种承诺形式时，应注意尽可能地突出可能出现的风险，达到强化用户的抵抗心理的目的。例如，在视频中使用"看书用这个姿势，视力不下降才怪""××同款千万别买，买回来只会闲置""粉底液不要这样涂，持妆效果差还伤皮肤"等文案。

三、避免困扰

这种承诺形式是告诉用户观看本视频，他们会得到一些什么样的建议，帮助自己避免一些困扰。人们在生活或工作中经常会遇到各种各样的困扰，每当遇到令自己感到无助的事情时，人们总会对身边的人抱有天然的期待，希望他们能给自己出出主意。这时如果有谁能帮助他们避免这些困扰，他们对这个人就会更加喜爱和依赖。

创作小红书笔记也是这个道理，如果一篇笔记能帮助用户避免一些困扰，用户对该篇笔记包括该账号的信赖程度就会大大提升，这篇笔记在平台上获得的流量倾斜也会越来越多，账号在平台上也会越来越受欢迎。

这种承诺在很多笔记中都适用，例如，在视频中使用"失眠睡不着？按压这3个穴位，助你好睡眠""内耗严重？这本书或许可以带你走出困扰""恋爱脑总是为情所困？那是你没有掌握这套相处逻辑"等文案。

四、解决问题

最后一种利益承诺是在视频笔记中告诉用户如何解决眼下遇到的实际问题，这种承诺比前面几种都更直接，实操性更强，当然也更有吸引力。

例如，在视频中使用"宝宝不爱吃饭，新手妈妈可以这样做""穿搭总是土里土气？学会这套穿搭法则，你也可以是女神""想要看书却总是静不下心来，一看就困？那是因为你没掌握这套阅读方法"等文案。

这种承诺可以解决用户最为关心的问题，当用户有这方面的困扰时，在看到内容的一瞬间就会选择关注，并继续将剩下的内容看完。这种承诺同第三种承诺一样，也可广泛地应用于各种内容，但是要注意其中所提到的问题需要有针对性，那些比较小众的、不具有普适性的问题可能很难得到较多的关注。

以上提到的这些承诺带给用户的都是一些无形的价值，当然运营者也可以在笔记中说明观看该笔记可以收获哪些有形的价值，比如"点赞＋收藏＋评论＋关注，抽一位朋友送视频同款一份"等，这种承诺在一定程度上也可以提升笔记效果。

无论是无形的利益承诺还是有形的利益承诺，重点都在"利益"二字上，运营者想要更大程度上吸引用户关注，就得保证视频内容能够为用户提供价值，否则即便用户这次将内容看完了，他们也不会有进一步的互动行为，笔记的效果不会有什么实质性的突破。

3.4.3 "台词标签"定律

视频笔记创作的第三个定律是"台词标签"定律。想要弄清楚这一定律的具体含义，运营者需要把"台词"和"标签"拆开来看，即利用台词形成标签效应，加深用户对笔记及账号的印象，如大众所熟知的"我是 papi 酱，一个集美貌与才华于一身的女子""Oh My God 买它""大家好，我是李雪琴"等。

在如今这个各种信息疯狂轰炸的时代，用户每天能看到的视频不计其数，要想在一众短视频中脱颖而出，牢牢抓住用户的心，一句固定的、有记忆点的经典台词显得非常有必要。

这种固定的、有记忆点的台词就是人们常说的"金句"。

需要注意的是，很多人认为短视频中的金句就是一个固定的句子，事实上，这样的理解是错误的。运营者可以设置一个固定的句子作为短视频的某个标签，但这并不意味着一个固定的句子等同于金句。

真正的金句必须具有两个特征：短小精悍、能输出有效信息。换言之，那些过于冗长、繁杂又传递不出什么信息的句子，哪怕每一期视频都在固定的位置被提及，也无法在用户的心中形成一个记忆点。那么，这种既短小精悍又能输出有效信息的金句是如何写出来的？运营者可以参考以下4个步骤。

第一步：建立金句库，多模仿和总结

不管是输出笔记还是创作金句，积累、仿写都是非常有必要的，虽然很多人可能觉得这样的方式过于空泛，不具备直接的学习价值，但不得不承认的是，很多成功都是从模仿开始的。因此，运营者想要创作出好的金句，在平时就要多积累，学会从同类视频中找灵感，不断地进行仿写练习，慢慢地，就会写出自己的原创金句。

第二步：从用户的角度出发，总结观点

有了第一步的积累之后，运营者可以结合自己的个人特色和账号的定位、风格写下自己想要表达的观点，可能是一个很长并且观点过于复杂的句子。不过不用担心，运营者只需要保证输出自己的观点，并且观点符合用户的心理预期，能够引起用户的共鸣，或者能够激起用户的某种情绪即可。

第三步：对观点进行精简和取舍

为了让金句符合短小精悍的特征，接下来运营者需要做的是将上述观点进行精简和取舍，提炼出最核心的关键词，首先把它们变成几个小短句，之后再从这几个小短句中找出每个句子中的核心关键词，将其进行组合，得到一个句子。

第四步：运用表达技巧，对短句进行重新架构

接下来，运营者可以尝试运用一些表达技巧，如转折、押韵、重复等，对上述步骤得到的短句进行重新组合，重新梳理句子的表达，使其变得朗朗上口，好记且易于传播。

通过以上这4个步骤，运营者就可以轻松创作出具有个人特色且易于传播的台词标签，让其成为笔记及账号的特有标识，增加笔记及账号在小红书上的辨识度。

下面是当前在小红书上比较有辨识度的一些台词标签，如表3-1所示。

表3-1 有辨识度的台词标签举例

台词标签	所属账号
我是阿爽，爱设计超过爱男人	设计师阿爽（室内设计师）
我是小金，一个给老婆做饭的男人	大金小金mini金（美食博主）
老话说……	邹小和（美食品牌创始人）

比起图文笔记，视频笔记更具真实性和互动性，呈现形式也更加灵活多变。但是相比于图文笔记，视频笔记制作起来难度更大，不仅需要投入更多的设备成本，还需投入更多的人力成本和技术成本，包括拍摄技术及后期剪辑技术，这些对于视频最终能呈现出什么样的效果都有很大的影响。

总的说来，图文笔记和视频笔记各有优势和劣势，运营者可以根据账号定位及自身的需要和能力来选择创作形式。

3.5 让笔记上热门的四大准则

掌握图文笔记和视频笔记的创作思路和技巧，归根结底是为了把笔记送上热门。上热门最需要的是什么？毫无疑问：流量。入局任何一个互联网平台，人们的最终目的都是争夺流量。

人人都想掌握流量密码，但总有些人费尽了心思，账号运营也没有起色，于是他们大肆抱怨平台的流量分发机制不公平，宣扬平台的红利期已过。事实上，这些运营者只是没有真正了解平台罢了。要知道，短时间内，任何一个互联网平台的流量规模都是相对固定的，流量分发机制也不会有大的变化。

在平台流量规模和流量分发机制都相对固定的情况下，怎么做才能使账号获取更多的流量，帮助笔记登上热门呢？运营者需要做到以下4点来增加笔记上热门的概率。

3.5.1 保证笔记被收录

第一点是保证笔记能被平台收录。什么是收录？在小红书上，笔记发布之后并不是马上就能进入推荐系统，而是需要先经过机器+人工审核，确定没有问题之后才能进入平台的内容数据库，然后才能被推送到用户面前或被用户搜索到。

因此，保证笔记被收录对于运营者来说十分重要，一篇精心创作的笔记如果发布之后都不能被平台收录，还谈什么上热门呢？

怎么做才能保证笔记被平台收录呢？有两点需要运营者格外注意。

一、不违规的账号是一切的基础

如果一个账号短时间内频频违规，该账号发布的笔记大概率不会被平台收录，甚至平台的审核机制都不会看笔记的具体内容，只要看到账号名称，就会判定其不符合收录要求，将其退回。

所以，要想保证笔记被平台收录，运营者在平时就要遵守平台规则，从各方面维护好账号,不要让账号产生违规行为。

二、不违反规则的原创笔记是根本

很多有经验的运营者都知道,要想提高笔记被收录的概率,就要在保证笔记原创性的基础上不违反平台规则,而且其中不能包含广告。

当前,小红书官方严厉打击抄袭、非原创,对于这方面的审核十分严格,如果笔记被平台的审核机制检测出抄袭或非原创,笔记被收录的概率就会大大降低。和账号违规一样,如果笔记被检测到违反了平台规则,如包含一些消极、负面的内容或是在某处添加了个人联系方式,或是在其中添加了大量的广告营销信息,也是无法被收录的。

总而言之,运营者在创作小红书笔记时,一定要坚持"真诚分享,友好互动",笔记被收录的概率就会大大增加。

另外,这里还有两个关于笔记收录的小技巧可以分享给各位运营者。第一,如果笔记本身已经被收录了,最好不要进行二次编辑,否则笔记一旦重新进入审核环节,有可能不会被再次收录,那么前期的工作就白做了。第二,有关社区扶持的笔记内容被收录的概率更大,运营者在平时可以多关注小红书各品类官方薯发布的消息,参与他们的话题互动,这样既能提高笔记被收录的概率,还能为笔记赢得更多的流量和曝光。

3.5.2 全面布局关键词

小红书的笔记曝光一般基于3种逻辑,即关注、推荐和搜索。其中,推荐和搜索都离不开关键词。

平台会根据用户日常点赞、收藏、评论内容的共同点及用户日常的关注偏好,给用户推荐相关内容,而平台是否向用户推荐一篇笔记,主要考量的就是笔记中的关键词和用户的喜好是否契合。在搜索渠道,关键词的作用就更加重要了,如果一篇笔记没有添加足够多的关键词或者关键词布局得不够全面,它被用户搜索到的概率就会降低,因而上热门的概率也会降低。

因此，对于运营者来说，想增加笔记上热门的概率，就要认真考虑笔记中关键词的布局。为了让运营者了解一篇笔记的关键词如何布局效果更好，笔者拆解了一篇小红书爆款笔记，为大家整理出了4个关键点。

一、笔记标题突出关键词

无论是推荐渠道还是搜索渠道，笔记的标题都是用户对笔记的第一印象。因此，笔记标题中的关键词如果不够突出，用户点击查看笔记详情的欲望就会降低，笔记上热门的概率也会降低。

比如这篇笔记的标题《用一年时间改变自己，拉开你和同龄人的差距》，就突出了"改变""拉开差距"等关键词，而且在紧靠标题下方的位置，用"作息时间表""自律养成""提升格局""女生必看"等词语对标题进行强化，让用户看一眼就知道这篇笔记具体要阐述的是什么内容，而且还恰到好处地利用平台的算法为笔记吸引了流量，如图3-24所示。

图 3-24 突出关键词的标题文案

二、封面图片包含关键词

封面图片作为吸引用户点击查看笔记的第二个关键要素，一定要注意突出关键词，让用户一眼就能明确笔记所要表达的具体内容。

下面这篇笔记在这方面就做得很好，它在封面图片中以非常清晰的文字突出了该篇笔记所要阐述的内容是"女生，敢不敢用一年时间改变自己"，而且以"2022年度自律计划表"作为副标题在一瞬间引起用户注意，又包含了"自律养成""提升格局""女生必看"等关键词，如图 3-25 所示。

图 3-25 包含关键词的封面图片

三、正文重复关键词

很多运营者在创作笔记时，十分重视标题中关键词的布局，也能想到要在封面图片中添加相关关键词，但是在创作正文内容时，往往会忽略在其中填充关键词。

事实上，正文内容中如果较少甚至不提及关键词，平台即使捕捉到了标题或封面中的关键词，也会认为该篇笔记的正文内容与该关键词的相关性不大。那么，平台在给用户推荐笔记或用户在搜索笔记时，笔记的排名就会比较靠后，出现在用户眼前的概率就会变小。

以这篇笔记为例，其正文内容中就多次出现了"女孩""自律""掌控""勇于""坚韧"等字眼，很好地贴合了笔记的主题，如图 3-26 所示。

作息时间表 | 自律养成 | 提升格局 | 女生必看!!

选一个方向，定一个时间；剩下的只管努力与坚持，
时间会给我们最后的答案。

1️⃣女生2022年度计划自律计划表
2️⃣2022一定要看完的16个TED演讲
📌《20岁，光阴不再来》
📌《学校如何扼杀创造力》
📌《拖延症患者的内心世界》
📌《挑战自己用30天改变人生》
📌《内向者的力量》
📌《如何掌控自己的时间》
📌《要教女孩勇敢，而非完美》
📌《改变自己只需要2年时间》
📌《睡眠是你的超能力》
📌《如何将你的不满转化为行动》

图 3-26 包含关键词的正文内容

四、正文结尾强调关键词

根据经验，小红书的数据机制对于一篇笔记关键词的抓取主要集中在笔记的开头和结尾。但是很多运营者在创作笔记时，往往忽视了结尾的作用，写完笔记正文内容后就选择发布。殊不知，在正文结尾处添加关键词可以起到"画龙点睛"的作用，帮助笔记进一步增加曝光率。

以这篇笔记为例，在笔记正文结束之后，运营者不仅@了数十个官方号，还添加了非常多和笔记内容相关的热门话题，对笔记中提及的关键词进行了进一步的强化，做到了精准吸引用户，如图 3-27 所示。

在小红书上，每天都能诞生数以万计的笔记，如果一篇笔记的关键词不够突出，那么它被推荐、被搜索到的概率就会降低，也会更难上热门。关键词是笔记的核心，它们概括了一篇笔记最想传递的内容。只有关键词足够突出且布局足够全面，笔记呈现在用户面前的概率才会更大，上热门的概率也会更大。

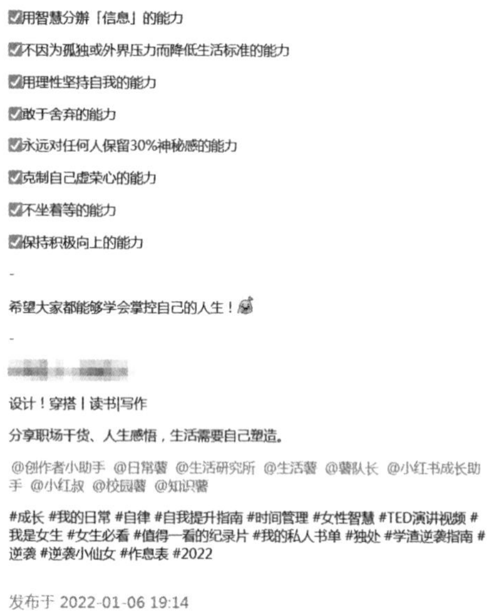

> ☑用智慧分辨「信息」的能力
> ☑不因为孤独或外界压力而降低生活标准的能力
> ☑用理性坚持自我的能力
> ☑敢于舍弃的能力
> ☑永远对任何人保留30%神秘感的能力
> ☑克制自己虚荣心的能力
> ☑不坐着等的能力
> ☑保持积极向上的能力
>
> 希望大家都能够学会掌控自己的人生！
>
> 设计 | 穿搭 | 读书 | 写作
> 分享职场干货、人生感悟，生活需要自己塑造。
> @创作者小助手 @日常薯 @生活研究所 @生活薯 @薯队长 @小红书成长助手 @小红叔 @校园薯 @知识薯
>
> #成长 #我的日常 #自律 #自我提升指南 #时间管理 #女性智慧 #TED演讲视频 #我是女生 #女生必看 #值得一看的纪录片 #我的私人书单 #独处 #学渣逆袭指南 #逆袭 #逆袭小仙女 #作息表 #2022
>
> 发布于 2022-01-06 19:14

图 3-27 笔记结尾的关键词

3.5.3 固定发布时间

很多人习惯在晚饭后发朋友圈，理由是朋友们只有在该时间段才比较空闲，有充足的时间看手机，发布小红书笔记也一样，要有固定的时间。一个合适的发布时间能够使笔记在最大程度上利用平台的推荐机制获取流量，从而帮助笔记登上热门。

如何确定笔记在什么时候发布合适呢？运营者可以通过以下两个步骤来找到最适合账号的固定的笔记发布时间。

第一步：确定笔记类型及受众群体

不同的笔记类型面向的受众群体不一样，而每一类受众群体每天的时间分配又有所不同。比如，某个账号所发布的是和美妆、护肤相关的内容，那么它的受众群体就是年轻的、追求时尚的女性或学生党，这类人群白天要工作、学习，通常晚上的时间才比较充足。如果该账号选择在工作时间发布笔记，效果就不会太好。

因此，要找到最适合笔记的发布时间，运营者首先要对账号的定位及所发布内容面向的主要人群进行分析，确定这类人比较集中的空闲时间段，然后选择在这些时间段发布笔记。

第二步：对确定的时间段分别进行测试

小白是一位专注于护肤领域的运营者，为了找到最适合的笔记发布时间，他对账号的目标群体进行了分析，得出了以下结论。

通常情况下，女性护肤的时间为晚上9:00～11:00。这类人什么时间使用手机比较多？以上班族为例，每天比较固定看手机的时间为早上的8:00～9:00（通勤时间），中午12:00～14:00（午休时间）及晚上8:00～12:00（晚休时间）。

得出这3个时间段后，小白不可能做到在每个时间段内都发布笔记。因此，接下来他需要对这3个时间段一一进行测试，并记录每个时间段内发布笔记的实际效果，反复操作几次之后，通过对比分析，就可以确定最适合发布笔记的时间段了。

当前，小红书为了方便运营者操作，在笔记发布的界面增加了"定时发布"这一功能，运营者确定好最适合发布笔记的时间之后，可以提前编辑好内容，然后选择"定时发布"，笔记就会在固定的时间发布并且推送给用户。

总而言之，运营者必须明确不管在小红书上发布什么内容，目的都是吸引用户。既然内容是给用户看的，那么发布笔记就不能想着自己什么时候有空或者内容什么时候可以编辑完成，而是要分析用户的阅读习惯，在用户空闲时间比较多、活跃度比较高的时间段内发布笔记。

笔者标注了小红书用户比较活跃的4个时间段，如图3-28所示。

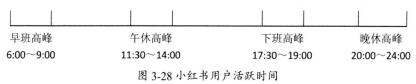

图3-28 小红书用户活跃时间

注意，这4个时间段只是针对大部分小红书用户的活跃时间拟定的，不同的账号、笔记所面向的目标人群不同，活跃时间也有一定的区别，运营者还需针对自身的情况进一步确定最为合适的笔记发布时间。

3.5.4 增强多方互动

除了上述提到的3个方面的内容，为了增加笔记上热门的概率，运营者还需要在笔记中增加和平台及用户的互动。

首先，运营者发布的每一篇笔记都需要小红书的认同，只有被平台认可的笔记才能被收录，并获得更多的流量。这一点和人际交往的道理类似，每个人在和他人交往的过程中，要想通过对方得到什么，首先必须获得对方的认同。

这种认同如何才能获得呢？很简单，顺应对方的节奏。发布小红书笔记，除了最基本的不能违反平台的相关规则外，运营者还应该抓住一切和官方互动的机会，来帮助笔记增加曝光。比如，参加官方薯定期发布的活动，根据他们设定的内容创作一篇笔记并@指定的官方薯，这样不仅可以有效地增加该篇笔记的曝光率，对提升账号的权重也有一定的帮助。

笔记越顺应平台节奏，越容易得到平台的青睐，平台就会给予该篇笔记及其所属账号更多的流量扶持。有了官方的扶持，后续的运营效果自然不会太差。

其次，运营者还需要在笔记中和用户进行互动，用户互动量是影响平台推荐机制的一个非常重要的指标，会直接影响到平台分给笔记及账号的流量。互动做好后，对于笔记上热门的帮助也非常大。

所谓笔记的用户互动量指的其实就是笔记被点赞、评论、收藏、分享的具体数量，数量越多，说明笔记受欢迎的程度越高，平台就会判定该篇笔记为优质笔记，并给予更多的流量倾斜。

那么，怎么增加笔记的互动量呢？运营者可以在笔记中通过言语、文字的方式呼吁用户点赞、收藏，也可以通过给予利益的方式吸引用户点赞、收藏。当然，最直接的方式是通过优质的、有价值的内容吸引用户自发地互动，这种互动的结果对于笔记的帮助也是最大的。

提升笔记的用户互动量的 4 个方法如表 3-2 所示，运营者可以作为参考。

表 3-2 增加用户互动量的小技巧

第一点	在笔记的结尾适当地抛出一些问题，引导用户交流、互动
第二点	积极回复用户的评论，和用户进行互动
第三点	针对评论区一些不和谐的声音，可以有技巧地进行回复，在增强互动率的同时，让账号人设更加立体
第四点	内容抓住用户需求，把握用户的情绪点，通过引起用户共鸣的方式促使用户互动

运营者可以通过使用这些小技巧，增强笔记的用户互动量，从而吸引用户在阅读笔记时进行互动，一方面拉近用户和运营者的距离，另一方面提升笔记的整体效果，增加笔记上热门的概率。

3.6 小红书账号避雷指南

依照小红书当前的推荐机制，运营者只要遵照以上方法，认真对待笔记中的每一个细节，让一两篇笔记登上热门并不是难事。但是没有人甘愿满足于一两次的成功，运营者都希望自己发布的每一篇笔记都能登上热门。

如果运营者希望笔记内容能够长期霸屏小红书，仅了解笔记的创作思路及帮助笔记上热门的具体方法是远远不够的。运营者还应对平台的规则有详细的了解，明确小红书账号运营的"潜规则"，在这个过程中，还要学会辨别关于账号运营的谣言。

只有全面、透彻地了解小红书的机制、规则，知道哪些"坑"不能踩，以及不小心踩了"坑"之后应该如何解决，运营者才能运营好小红书账号。

3.6.1 运营小红书账号的五大谣言

很多新手运营者刚接触小红书时，运营技巧没学到不说，还经常被一些所谓的"只有小红书内部人员才知道的运营规则"欺骗，这不仅打击了他们的自信心，还束缚了他们的思维，这些运营者，也因此对运营小红书这件事产生了畏惧心理。

事实上，几乎每一位运营者在起步阶段都听信过一些谣言，也有很多人吃过亏，只不过有的运营者通过他人的指点和自己的摸索，慢慢领悟到了原来之前所接触的很多所谓的运营技巧都是不实之言。

为了让这部分运营者更好地运营小红书，不被谣言所干扰，本书列举了当前在网络上流传比较广泛且有一定蒙蔽性的 5 条谣言。

一、笔记中关键词越多流量越高

前文有提到，在笔记中覆盖一定数量的关键词是帮助笔记上热门的有效方法之一。于是很多人开始宣扬，笔记中的关键词越多越好，还对一些新手运营者说，一定要在笔记中大量地覆盖关键词，关键词越多流量越大，被用户搜到的概率也越大。

没有经验的运营者在初次听到这一说法时可能会觉得非常有道理，但事实上这是谣言。一篇笔记中如果包含过多的关键词，一方面会影响用户的阅读体验，另一方面，就小红书的推荐机制而言，笔记中包含的关键词过多，推送反而不够精准。

因为一篇笔记进入推送池后，算法首先会根据该篇笔记的标题初步判断它要阐述的具体内容，然后根据用户需求，推送给相应的人。但是如果笔记中包含的其他关键词过多，算法就会对笔记所要传达的主要内容感到迷茫，一旦算法判定错误，笔记很有可能无法推送到目标用户的面前。

在系统推荐量固定的情况下，算法如果在既定的推荐范围内无法将笔记推送给目标用户，笔记的效果达不到预期，就无法进入下一轮推送，笔记的相应数据可想而知不会太好。

虽然在发布笔记时要尽可能全面覆盖关键词，但是这并不意味着笔记中所包含的关键词越多越好。因此，运营者在创作笔记时，要把握好其中的度，在该覆盖关键词的位置覆盖相应的关键词，其余地方不要过多堆砌关键词。

二、笔记数据差等于被限流

小红书为了规范用户行为，鼓励用户发布积极、正向的内容，的确会对某些违反平台规则的账号、笔记做限流处理。可是有些运营者会因为平台有这样的规则就习惯性地把笔记数据不好的原因全都归于限流。

不少运营者都被这一观点误导过，笔记发布之后效果不佳只抱怨平台给的流量不够，而不去检查自己在发布笔记时是不是犯了一些错误。甚至有些运营者连账号被判定违规了都不知道，还在一味地责怪平台限流。

如果不是触及平台的红线，平台一般不会对某一篇笔记或某一个账号限流。偶尔存在一定的流量倾斜是正常的，但是这不等于限流，不会对账号和后续发布的笔记造成影响。因此，当运营者发现笔记的效果不好时，不妨检查笔记是不是出现了违规情况或者是不是笔记本身的质量不佳。

三、违规／限流的笔记删除即可

想要运营好小红书账号，很多人建议最好做到日更，因为平台对于比较活跃的账号会给予更多的流量扶持。这一观点是比较正确的，相较于那些几天一更或者周更的账号，平台的确会对日更的账号给予更多的流量倾斜。

但是笔记发布的数量多了，难免会不小心违反平台规则，被平台警告。这时，很多运营者会选择听信网络上的谣言，对笔记做删除处理，认为只要违规笔记被删除了，账号就不会受到影响。

对此，很多小红书运营达人都强调过，如果不是平台或系统要求删除某篇笔记，运营者就不要轻易对笔记进行删除处理。因为在小红书上，每一个账号都有它特定的综合分数，也就是业内人士经常提到的权重，无论是账号违规还是该账号下的笔记违规，都会触发平台的扣分机制。一旦这个机制被触发，违规的笔记是否被删除影响并不大。并且，如果一个账号经常性地删除笔记，还有可能会被平台判定为"风险行为"，给账号带来负面影响。

四、需要"养号"

很多运营者刚开始接触小红书时，曾听一些所谓的资深运营专家强调：如果你决心要做某一个领域的内容，你在平台上的所有动作都必须围绕着这一品类，而且一定要尽可能地多浏览同领域账号发布的内容，这样做是为了"养号"，可以很好地帮助账号提升权重，获得更多流量。

关于这一条谣言，运营者只要稍加思考就能加以甄别。在任何一个内容平台，一个账号即用户浏览什么样的内容只能帮助平台判断该用户的兴趣偏好，然后根据该用户的兴趣来向其推荐内容，仅此而已。

一个账号浏览什么内容和它所发布的内容能被谁看到完全是两回事。一个账号浏览什么样的内容并不能决定该账号在发布内容时，平台将其所发布的内容推送给哪些用户。决定笔记能被推送给哪些人的只有笔记本身，这其中包括笔记的标题、图片、正文、标签等要素，运营者不要将二者混淆。

五、多个账号用同一个Wi-Fi会被限流

对于小红书多个账号用同一个Wi-Fi会被限流这一传闻，很多运营者深信不疑，所以在创作小红书笔记时，一直坚持用移动流量，而不用Wi-Fi。

事实上，这是一个谣言，而且荒诞至极。按照这一逻辑，人们在一些公共场合，如咖啡厅、商场、饭店都不能连接同一个Wi-Fi了。

当然，很多运营者之所以对这一谣言深信不疑，是因为他们确实碰

到过多个账号连接同一个 Wi-Fi 被限流的情况。关于这一情况，很多资深运营者也进行过研究，他们发现如果同一个 Wi-Fi 下的某一个账号违反了平台规则，的确会影响到该 Wi-Fi 下连接的其他账号，但是这和一个 Wi-Fi 是否允许多个账号接入并没有直接关系。

暂且不说小红书不会随便给一个账号限流，即便限流，平台也绝不会只考虑 Wi-Fi 这一个因素，它一定是综合多个维度来判断的。

以上便是关于运营小红书账号的五大谣言。要知道，运营好一个小红书账号，虽然一些技巧必不可少，但最主要的还是要创作出足够优质的内容，只要内容本身足够优质，就能吸引到用户。

3.6.2　运营小红书账号的六条红线

相比其他内容平台，小红书的运营门槛更低，且平台讲究真实、多元，给运营者创造了非常大的可发挥的空间。

但是可发挥的空间大不等于可以不顾及平台规则随意操作。为了进一步规范用户行为，小红书于 2021 年 4 月发布了全新的《小红书社区公约》，其中明确规定了哪些事运营者可以做，哪些事运营者不能做。任何人想要在小红书掘金，都要对社区公约的内容有全面且透彻的了解。

为了方便运营者了解，笔者根据《小红书社区公约》的相关内容及自身的运营经验，对运营小红书账号不可触碰的红线进行了整理，共有以下 6 点。

一、非平台允许的广告营销行为

不被平台允许的营销行为是小红书最介意的，因为小红书是生活方式分享平台，虽然允许且鼓励很多人通过生活分享来"种草"好物，但小红书还是担心平台的营销性质过于严重，进而影响用户体验。所以，如果想在平台上分享、"种草"一些商品，首先需要得到平台的允许，如果在未获得平台允许的情况下产生营销行为，平台很有可能会对账号做出相应的处理。

2021年8月,小红书推出了"号店一体"机制,在新的账号体系下,运营者可以在升级为专业号的情况下进行有限的商业行为,比如开通薯店、申请成为品牌合作人、发布品牌合作笔记等,但还是有很多广告营销行为是不被平台允许的。

比如,在没有向平台报备的情况下,阶段性地发布和某一个品牌相关的笔记,并且笔记所涉及的产品都有着相似的卖点;为了吹捧某一合作品牌,在笔记中无下限地恶意贬低竞争品牌的名声;发布明显的广告软文类笔记;长期通过利益诱导的方式促使用户点赞、收藏等。

总而言之,运营者需要记住,但凡涉及品牌、营销等相关内容,一定要提前向平台报备,小红书的品牌营销推广报备可以在官方的蒲公英平台实现,通过小红书灵感营销即可找到蒲公英平台入口,如图3-29所示。

图 3-29　蒲公英平台入口

二、抄袭/搬运他人笔记

小红书对内容的原创要求非常严格,严禁内容创作者抄袭、搬运他人的笔记。开发出图文笔记这种形式后,平台除了要求正文内容原创,也要求图片必须原创,不能发布带有其他账号或其他平台水印的图片。至于视频笔记,对内容原创程度的要求就更高了。

为了让平台更加长远地发展下去,官方对抄袭/搬运等侵犯他人版权的非原创行为的打击力度也不断加强。

这也告诉运营者,在进行内容创作时不要抱有侥幸心理,不管是正文内容还是图片甚至是标题文案,都不要直接引用他人的创作,一旦被平台的审核机制发现，账号有可能会因此被封禁。

另外，运营者还应当格外注意，不要不经修改地重复发布同一篇笔记，哪怕这篇笔记是自己原创的，但是如果重复发布，也有可能会被平台的审核机制判定为抄袭。

三、昵称/头像包含其他引流信息

有一些运营者之所以注册小红书账号，是因为看重小红书比较集中的目标人群和良好的发展前景，希望通过小红书为自己引流，帮助自己更快地变现。

为了达到这一目的，他们把小红书当作跳板，在平台上尽可能地留下引流信息，比如在头像、昵称中非常隐晦地写上自己的微信号或其他联系方式，或是通过私信聊天的方式告知他人具体的联系方式。

以上无论哪种方式都不可取，小红书有官方规定的地方允许用户留下自己的联系方式（个人简介处允许留下邮箱），除此之外，以任何形式留下任何联系方式都是不被允许的。

当然，如果某一位小红书博主在所有的平台用的都是同一个昵称或同一个头像，那么他可以大方地告知用户"全平台同名"，用户如果想通过其他平台找到该博主可以自行搜索，这种方式是被平台允许的。

四、数据造假

数据造假是很多运营者比较容易触碰的一道红线，他们为了更加快速地促进粉丝增长和互动数据增长，会选择和第三方机构合作，通过金钱交易的方式来增加点赞、评论、收藏和转发的数量。

这种方式短时间内效果可能会非常明显，但运营者心里很清楚，这些都是虚假的，并不能给账号的发展带来实质性的帮助。

而且当前平台的审核机制已经非常智能了，对于这种人工干预的行为很快就能识别出来。另外，小红书会定期对账号的粉丝数量、粉丝活跃情况进行检测，如果发现一个账号主页的粉丝数量和其粉丝列表的数量不一致且存在很多疑似"僵尸粉"的粉丝，平台会自动对其进行清理，而且会对账号采取相应的处罚措施。

五、内容中含有限制词

什么是限制词？一些新手运营者对这个概念可能不是很了解。举例来说，"找我购买""可代购""添加微信"等都属于限制词，一旦被平台检测到，就会被判定为违规。

以上这些属于比较常见的限制词，但凡有一定经验的运营者都不会犯这类错误。那除了这些比较常见的限制词，还有哪些不常见但是容易"踩坑"的限制词呢？如"第一""最好""最佳""最便宜""点击抽奖""评论送……""强效""极品""绝对""唯一""独一无二""史无前例"等词都属于限制词。

通常情况下，这些词都不允许出现在笔记中，但有些运营者为了增强笔记的吸引力，会在封面图片或标题中使用一些比较夸张的词语，有时平台也不会判定笔记违规。

但是要注意，运营者不能为了让笔记看起来更有吸引力就铤而走险，在笔记中添加一些不被平台允许的限制词，一旦被平台判定笔记中包含限制词、敏感词，笔记及账号都会受到很大的影响。

六、发布不良信息或引起不适的内容

有的运营者为了吸引粉丝，会在笔记中哗众取宠地添加一些不正向的元素。这些笔记可能能够迎合一小部分人的喜好，但很有可能笔记还没有被推送到这些用户面前就已经被其他用户举报，或被平台判定违规，责令删除或隐藏了。

具体哪些信息是不良信息，在《小红书社区公约》中都有具体的说明，运营者在发布笔记之前需要详细阅读。常见的不良信息有社会负面信息、暴力恐怖信息、造谣、人身攻击、假冒伪劣信息、伪科学信息、色情低俗信息、赌博赌钱/诈骗信息等。

运营小红书账号常见的不可触碰的红线主要有以上6点，在运营小红书账号的过程中，运营者一定要对这些红线有深入了解，并且要做到坚守底线,坚决不触碰这些红线。

3.6.3 账号被判违规后的处理办法

最近发布的笔记大都不被平台收录?小红书笔记阅读量突然断崖式下跌?想要投放薯条却被系统提示违规,无法通过审核……

出现这些异常情况,很有可能是小红书账号被平台判定违规了。由于小红书平台特殊的运营机制,很多时候,小红书官方不会提前告知运营者其账号和笔记违规,而是会直接给出处罚措施。如果是初次违规或违规行为不严重,平台可能会对账号进行限流处理;多次违规或一次严重违规后,平台会限制账号的部分功能甚至直接封号。

因此,运营者要想了解账号被判违规后该怎么办,首先需要知道账号出现哪些情况是被平台限流或判定违规。

通常情况下,当出现如表3-3所示情况时,就说明账号大概率被平台判定违规或限流了。

表3-3 账号被判定违规或限流后可能出现的情况

第一点	短时间内发布了多条笔记,但是几乎都没有被收录
第二点	笔记阅读量相较以前大幅下跌,无论发布什么内容曝光量都比较低
第三点	在平台上搜索不到自己以往发布的笔记
第四点	笔记投放薯条,系统提示违规,无法投放
第五点	给平台上其他运营者点赞、评论,对方后台收不到提示

当账号出现上述情况,运营者就应该重视,不要等到被封号才意识到问题的严重性。

那么,运营者应该怎么做呢?

第一步,当运营者发现账号出现异常,首先应该根据上文列出的运营小红书账号的六大红线,一一排查自己近期发布过的笔记或是账号本身有没有违反平台规则。

第二步，找到问题后，可以选择对笔记进行修改或删除处理。如果是账号本身出现的问题，就要对账号进行调整，确保账号能够展示给用户的所有地方都符合平台规范。也有运营者遇到过这样的情况：发布笔记时，平台提示有违规行为，但未标注清楚具体原因。如果是这种情况，建议运营者直接将笔记删除，不要反复对笔记进行修改，修改的次数多了很可能会招致更加严重的处罚。

第三步，如果平台没有私信通知运营者账号违规，而且薯条可以正常投放，但运营者仍然认为账号被限流，可以尝试在后台进行申诉。申诉流程为："我"→"≡"→"帮助与客服"→"笔记申诉"或"账号申诉"。

将有可能的违规因素一一排查并重新调整过后，账号的流量一时没有恢复，运营者也不必担心。在此阶段内，运营者可以在保证不再违规的前提下多发布一些当下比较热门的内容，待平台对账号和笔记重新评判后，流量即可恢复。

笔记或账号违规一直以来都是让很多运营者非常头疼的一个问题，因此，在运营小红书的过程中，运营者一定要注意不要犯一些平台明令禁止的错误，但同时也不要听信谣言。在运营小红书账号的过程中，要保持清醒，听取正确的意见和建议，不断积累经验，把账号运营得更好。

第 4 章
素人号如何掘金小红书

无粉丝基础、无 MCN 机构[1]背书、无运营经验的"三无"素人账号如何在小红书从 0 到 1 掘金成功？9 个月从素人变成小红书达人又是如何做到的？本章介绍素人号从 0 到 1 起号、运营、变现的具体方法，介绍普通人如何突出重围，从素人成长为达人，在小红书上成功掘金。

4.1 哪些领域适合"素人号"

什么是"素人号"？小红书官方将其定义为粉丝数小于 5000 的账号。为了便于运营者进一步理解，业内人士对其进行了详细的解释，所谓"素人号"是指无粉丝基础、无 MCN 机构背书、无运营经验的"三无"账号。

面对这样一个"三无"账号，运营者在没有任何资源可以依靠的背景下，如何才能突出重围呢？人们常说，"选择大于努力"，在没有任何基础的情况下，方向的选择就显得尤为重要。对于素人号而言，入局

---

1 MCN（Multi-Channel Network）机构：是一种多频道网络的产品形态，将 PGC 内容联合起来，在资本的有力支持下，保障内容的持续输出，最终实现稳定变现。简单来说，MCN 就是帮助签约达人进行内容持续输出和变现的机构。

小红书只要选对领域，运营就成功了一大半。

小红书上的领域那么多，究竟哪些才更适合素人号运营呢？结合不同领域在小红书上的发展形势及创作难度和变现机会来看，比较适合素人号运营的领域分别是美食领域、家居领域和个人成长领域。

4.1.1 美食领域

在小红书上，美食领域是最适合素人号入局的领域，这一结论基于美食领域在小红书上的发展现状得出。根据千瓜数据发布的《2021年美食行业数据洞察报告（小红书平台）》，2021年1月1日—2021年11月20日，小红书上美食领域种草笔记篇数达到975万，在小红书全领域种草流量大盘中，占比为10.53%，排名第一。这些笔记所产生的互动总量高达18亿，占据小红书互动总量的9.58%，在小红书全行业中排名第三，远超行业平均水平。

由此可见，在小红书上，美食领域占据了绝对的流量，而且用户对美食内容的接受度也非常高，不仅愿意观看和美食相关的内容，还乐于参与互动。

在巨大的流量红利下，不少美食品牌嗅到了商机，纷纷入驻小红书，进行品牌营销，这给素人号带来了更多的变现机会。

一、素人号入局美食领域的优势

平台流量大、用户接受度高为素人号入局美食领域提供了先决条件。除此之外，素人号入局美食领域还有以下两个优势。

1. 创作难度低

从创作难度的角度来讲，相较其他领域，美食领域对运营者专业技术要求较低，几乎没有门槛限制。入局美食领域并不要求运营者必须会制作美食，与美食有关的内容，都可以归纳到美食领域，如美食教程、美食展示、美食探店等，其中，美食教程是互动量最多的一类。

还有一些不太寻常的美食笔记，也具有较高热度，比如有的运营者分享自己制作"冒菜草莓""水泥牛肉"等"黑暗料理"的笔记；有的运营者发布了自己照着菜谱做菜却失败的"惨状"，也引起了用户的兴趣，诸多用户会发表"哈哈哈""能吃吗""想试试"等评论。这都足以说明美食领域的入局门槛很低。

2.可选择细分领域多

从细分领域的角度来讲，美食领域可选择的细分领域非常多，如早餐、家常菜、健身餐、西餐、甜点、咖啡饮品、零食等。运营者在选择时不必局限于某一特定领域，前期可以不断在各个细分领域进行尝试，直至找到适合自己的领域和风格。

比如，某美食博主本身比较擅长做家常菜，试着在小红书上传了很多关于家常菜如何做的笔记，但是效果一直不太好。一次偶然的机会，她发布了一篇教用户做减脂餐的笔记，受到了用户的强烈欢迎，之后这位博主便调整了细分方向，专注于健身餐内容，目前已经成为该细分领域的佼佼者。

二、美食笔记的创作要点

虽然美食领域非常适合素人号入局，但毫无章法地一头扎进来显然不是良策。为了更顺畅地进入美食领域掘金，素人号可以先通过一个案例掌握基础的美食笔记运营技巧。

某小红书账号于2020年年初在平台上发布了第一篇笔记，之后一直专注于美食领域。截止到2022年3月11日，共发布笔记150余篇，收获粉丝4.4万，获赞与收藏共计60.4万。作为一个没有任何基础，创作和运营经验都相对较弱的账号，它能得到用户的关注和青睐，背后的原因值得深究。

从该账号发布的笔记来看，素人号在创作美食类笔记时可以参考以下两个要点。

1.封面图片诱人且真实

该账号主页的整体风格非常统一，带来的视觉体验极好。该账号发布的所有笔记（除了账号运营初期发布的几篇笔记）采用的全都是同一种创作风格和形式，无论是封面图片还是标题文案都极其统一，个人特色十分鲜明，如图4-1所示。

图 4-1 某美食领域的小红书账号的主页

这里重点说一下封面图片，作为美食领域的创作者，想要创作出具有吸引力的笔记，图片在所有的笔记要素中是最关键的。因为只有图片足够诱人，用户看到后才会产生阅读笔记的欲望，才会愿意点击查看笔记详情。

如何拍出诱人的美食图片？运营者可以从该账号的笔记中找到一些灵感。比如，该账号下所有笔记的封面图片采用的全都是近景拍摄的手法，且没有多余的背景，用户目光所及之处都是菜品本身，这种放大式的拍摄手法可以很好地突出菜品，给用户带来较强的视觉冲击。另外，这些封面图片采用的都是暖色调，使每一道菜看上去色泽红润鲜亮，十分诱人。

想要拍出这种效果的图片，运营者除了需要掌握一定的拍摄技术，还可以借助其他工具对图片进行调色，也就是人们常说的为图片添加滤镜，可以使用的App有醒图、泼辣、Snapseed、VSCO、Foodie等。通过对色彩进行调整，可以让图片看起来更具有诱惑力。

但是运营者需要注意，在对图片进行处理时不能为了增强图片的诱感力就对图片过度调整,导致图片失真。因为美食教程类的笔记,如果图片不够真实,用户反而会对笔记及账号产生反感情绪。

诱人且真实是美食领域对图片的要求,视频笔记也是如此,只有这样,内容才会在更大程度上受到平台推荐和用户欢迎。

2. 教程直观清晰、实操性强

前文有提到美食领域又可二级分类成美食教程、美食展示、美食探店等。这里选取的小红书账号属于美食教程类。之所以选用美食教程类的内容作为案例,是因为美食教程类的内容在平台上的互动率是最高的。千瓜数据显示,2021年1月~2021年11月期间,美食教程类内容以月均14.56%的种草笔记篇数占比获得了月均43.86%的互动量占比。

既然是美食教程,要突出的就不只是美食,还有教程。仍然以上述账号为例,该博主创作的每一篇笔记,都注明了菜品的制作过程,在笔记的正文部分用详细的文字加以说明,让人看一眼就能明白,如图4-2所示。

图 4-2 该账号的美食制作笔记

笔记能为用户创造价值，自然就能受到用户的欢迎。除了上述两个原因，该账号受到用户青睐，还有一个原因是该账号在运营的过程中，推广笔记和日常笔记穿插发布，且推广笔记出现的次数并不多，大约是3～4篇日常笔记、1篇推广笔记的频率。而且所有的推广笔记都和日常笔记保持一样的风格，这样就很好地保证账号内容的一致性，让推广笔记看起来不那么突兀，用户接受起来也会更容易一些。

在小红书的所有领域中，美食领域最适合素人号入局，不仅对运营者的创作水平要求较低，也有比较多变现的机会。因此，那些没什么创作经验，又想快速变现的普通人，可以抓住这一机会。

4.1.2　家居领域

在小红书上，比较适合素人号入局的第二个领域是家居领域。结合家居领域在小红书上的发展现状及素人号的特征，家居领域有如下3点优势。

1. 用户需求大

过去十年，国家基础设施建设投资及房地产领域高速发展，依托于"住房"这一巨型的产业链，建材、家装、家居等细分领域迅速崛起，并繁荣发展。加上互联网和新媒体的发展，衍生出了互联网家装这一领域风口。

而且随着国民消费不断升级，家居家装成为人们提高幸福感的方式之一，再加上宅经济[1]和健康生活方式的驱动，不少年轻人对家居环境提出了更高的要求，个性化需求迎来爆发期。这些具有一定购买力的年轻人为了营造更舒适的家居环境，开始在小红书上搜罗相关信息，使小红书家居领域的笔记数量迎来了高速增长。

千瓜数据《千瓜2月家居家装行业数据洞察报告（小红书平台）》显示，2022年2月，小红书上家居家装领域的种草热度稳步上涨，流量庞大，共创作了37万多篇领域种草笔记。该报告还表明，2月小红书家

1　宅经济：随着网络兴起而出现的一个新词，主要意思是在家中办公、在家中兼职，同时，在家中消费也是宅经济必不可少的一部分。

居领域的笔记互动总量为71157120，热度非常高。

比如某博主刚装修完新房，随手拍了几张照片分享到小红书，没想到有很多用户在评论区询问博主有关装修的事宜，还有很多人看中了图片中的某些商品，询问博主购买方式。这类情况在小红书非常常见。

2. 素材丰富且创作简单

和其他领域在创作笔记时需要四处搜集素材不同，家居领域可以就地取材且素材非常丰富。例如，小红书上一位家居博主自创建账号以来，笔记分享的全都是自己家里的一草一木，而且每一篇笔记都只局限于一个区域，如卧室、厨房、卫生间等。甚至只要布局、装饰发生变化，同一个区域可以反复地发布笔记，素材非常丰富。

另外，家居领域的笔记创作起来也比较简单，当前这一领域的笔记形式以图文笔记居多，运营者只需要掌握图片拍摄的技巧，再加上一点文字功底就能创作好家居笔记。而且从目前小红书上发布的家居笔记来看，视频笔记多采用"一镜到底"的形式，换言之，即便运营者不会视频剪辑，也可以创作家居视频笔记。

3. 变现机会多

随着家居领域在小红书上发展得越来越繁荣，越来越多的家居品牌入驻小红书，据不完全统计，目前入驻小红书的家居品牌已经超过一千个。互动量比较高的有宜家、西门子、戴森、松下、方太等。这些家居品牌入驻小红书之后，就会寻找各个层级的小红书博主合作，这其中就包括小红书素人号。而且通常情况下，小红书头部和中腰部达人的报价比较高，所以很多品牌会将更多的合作机会给到素人号。这就意味着素人号在小红书上将会获得更多的变现机会。

家居领域是小红书所有领域中合作报价相对较高的一个领域，在账号等级相同、粉丝数量不相上下的情况下，比起其他领域，家居领域可以获得的收益更多。对于想要快速变现，但又没什么基础的素人号而言，家居领域无疑值得入局。

同美食领域一样，为了提高这部分内容的借鉴意义，下面将通过拆解一个案例来详细说明素人号如何做才能打造出家居爆文，成功掘金。

某家居领域的小红书账号创建于 2020 年 3 月，截止到 2022 年 3 月，该账号收获粉丝 13 万，获赞与收藏达到 88.6 万，如图 4-3 所示。

值得一提的是，该账号刚创建不久，发布的第 3 篇笔记就成功登上热门。一个刚创建的账号，在平台和用户对账号都不熟悉的情况下，笔记能上热门的概率是非常小的。

图 4-3 某家居领域的小红书账号主页

想要创作出具有吸引力的家居笔记，素人号的运营者可以参考以下 4 点做法。

1. 标题和封面突出主题

不同于其他领域，家居领域可创作的细分类目非常多，而且前文也有提到，对家居内容感兴趣的用户个性化需求非常强。因此，运营者在创作家居笔记时要注意缩小、框定笔记的创作主题，再在标题和封面中将其突出显示。

想要更好地凸显主题，就要充分利用关键词。千瓜数据显示，当前比较火爆的家居领域热搜词有"室内设计""小户型""租房改造""小成本改造""阳台装修""餐边柜""卧室大改造""厨房装修""四件套""收纳""置物架"等。

这些都是运营者可以聚焦的小点，但要注意，不能在一篇笔记中涵盖所有的内容，而是要对一些点再进行细化。就像上文提到的例子一样，运营者创作的每一篇笔记可以只局限于家中的某一个角落，如阳台、玄关、书桌等。这样一来，不仅运营者创作起来更加轻松，吸引到的用户也更加精准。

2. 笔记要延续同一种风格

运营者在创作家居笔记时，需要注意的第二个点是，账号下的所有笔记必须延续同一种风格。比如一开始专注于"装修避坑"类内容的账号，在后期最好不要发布和"租房改造"相关的内容，否则会影响账号的垂直度，对于用户来说也没有记忆点。

运营者在创作内容时，笔记本身的风格不要频繁变动。因为家居不同于其他领域，用户的个性化需求非常强，每个用户对内容的偏好都不同。就拿家装风格来举例，有的用户喜欢轻奢现代风，有的用户喜欢美式田园风。所以对于运营者来讲，确定、吸引目标用户都是通过内容本身的风格。比如，上文提到的这个账号，用户如果打开该账号的主页，一个非常直观的感受就是所有笔记的色调、风格都十分统一，这对于增强粉丝黏性有很大的帮助。

换言之，笔记的内容风格一旦确定，运营者就不应再随意改变。

3. 分享的内容要彰显性价比

在创作家居笔记时，运营者需要注意的第三个点是，无论聚焦的是哪个分类，分享的内容都要彰显性价比。这是因为用户阅读这类笔记除了想要了解别人的家居家装理念，更多还为了从他人的家居家装干货中总结经验，帮助自己营造更加舒适的家居环境。

所以，运营者发布这一领域的笔记除了要追求美感，更要保证笔记的实用性。要在笔记中阐明自己的思路，总结一些可供他人参考、借鉴的经验，如图4-4所示。

> 又一次的阳台改造，来看看这次又有哪些变化！
>
> 这几天又动手给阳台来了个小改造，老粉都知道，上次的改造主要是洗衣区，单洗衣机被我改成洗衣烘干套装！
>
> 这次，趁着换系统窗，又稍微改变了一下~❤
>
> ☘增加纱帘
>
> 因为拆掉了移门，所以整个阳台都是空荡荡的，如果窗户还没有任何遮挡，就会感觉很空，所以增加了纱帘，本来是想要垂直帘，无奈内开窗装不了，找了很久找到这款纱帘，没想到效果也很绝呢~🐢
>
> ☘拆掉储物柜
>
> 阳台的另一侧，本来有一个半人高的储物柜，关换窗户的时候，师傅提前拆除，没想到拆掉之后，感觉阳台大了一圈，所以换好窗户后，索性没有装，这部分区域就给了猫咪，这样宠物的东西也不会再占用阳台其他空间了！🐾
>
> ☘新增迷你洗衣机
>
> 实在不想每天晚上手洗内衣内裤了，一直想要一个可以单独洗内衣裤的洗衣机，之前看到的都是挂壁的，无奈墙面安装要求太高，位置也不合适，无奈只能放弃挂壁了，无意中看到这款，太可爱了啊！量了下我家的尺寸刚刚好，立马把它带回家！哈哈，回来发现和我家的大洗衣机居然绝配，还是个小滚筒的，别看他体积小，试用一下，能放1kg左右的衣服，里面还挺能装！
>
> 带了高温煮洗模式和紫外线杀菌，对女生实在太友好了，还有高温桶自洁功能，避免拆洗，使用过程中，声音几乎静音，一点也不吵，实在太爱了！📱

图 4-4 家居类笔记

图片/视频清晰美观，正文干货满满，兼具这两个点的高性价比笔记才会更容易受到用户的欢迎。

4. 发布时间选择晚上

最后一点是运营者的笔记发布时间最好选择在晚上（18:00 以后）。仔细研究上述账号发布的笔记，就能发现该账号的笔记几乎都是晚上发布的，而且集中在 19:00～20:00。除了该账号的笔记，小红书家居领域的其他博主发布的笔记也都集中在晚上。

这是由于该领域的目标人群大多是生活在一、二线城市的职场白领，通常情况下只有晚上才有集中的时间上网。所以，运营者在这个时间段发布笔记能最大限度地让笔记对接到目标用户，从而保证笔记能取得较好的效果。

从小红书当前的状况来看，家居领域的发展虽然不如美食领域那般繁荣，但其发展势头十分迅猛，当下正是入局的好时机。素人号想要快速变现，可以考虑家居领域。

4.1.3 个人成长领域

在小红书上,还有一个领域比较适合素人号入局,那就是个人成长领域,也可以将其通俗地理解为知识领域。这一领域具体是指博主通过分享一些特定的内容,让用户在某一方面得到成长。

现如今,人们的物质生活有了极大的改善,当物质生活水平不断提高,人们就会更多地追求精神世界的满足。再加上当前社会竞争日趋激烈,为了让自己具备强大的竞争力,人们也必须不断地学习、成长。这就为个人成长领域的发展奠定了基础。

另外,个人成长领域发展得好,对于一个平台来讲也是有诸多益处的,基于此,小红书官方为了营造社区的学习氛围,吸引更多运营者创作和个人成长有关的内容,制定了一些激励策略。如 2021 年 12 月,小红书开始着手布局经验付费板块,如图 4-5 所示。

图 4-5 小红书官方布局的"经验付费"专栏

用户有需求，平台又大力扶持，同时具备这两个条件充分说明了入局这个领域的可行性。那么，对于普通人来讲，个人成长领域还有哪些特定的优势呢？

1. 入局门槛不受限

个人成长领域入局的门槛是比较低的。为什么？因为这一领域的笔记没有特定的评判标准，并不是说运营者输出的内容一定要达到多高的层次才能受到用户的欢迎，因为用户本身也有认知层次的差别。

举例来说，有一位博主发布了一篇笔记，内容是教用户在使用计算机时如何开机。很多人看到这个选题之后都不屑一顾，认为这样的选题受众群体肯定非常少。然而事实是，的确有很多用户不知道如何开机。这篇笔记发布之后，效果也远比很多人想象中要好。

而且个人成长领域笔记中所涉及的知识并不是传统意义上的书本里的知识，而是一种泛知识，比如恋爱高手教用户如何谈恋爱；考证大神教用户如何考各种证书；有留学经验的人分享自己的留学经验等，这些都属于书本里面学不到的知识，但是有很多人对这些知识有强烈的需求，运营者就可以将这些内容作为主题来创作笔记。

所以，一些新手运营者不要有顾忌，个人成长领域的内容并不一定是高深莫测、普通人难以企及的。事实上，那些故作高深的内容受众群体反而更少，那些"接地气"的、能够真正让用户受益的内容受到用户欢迎的可能性才更大。

2. 细分项多

和小红书上的其他领域相比，个人成长领域的细分项非常多，如知识科普类、能力提升类、读书学习类、气质穿搭类、情感答疑类等，而且每一个分类还可以再进行细分。比如，某小红书博主以"自律"作为切入点，和用户一起打卡，共同成长。再如，某小红书博主从"考研"这个点切入，在笔记中分享与考研有关的内容。

这些博主虽然都属于个人成长领域，但是聚焦的点都非常细小且具体。简言之，对于运营者来讲，个人成长类内容可以切入的点非常多，只要是能够给用户带来价值、能够帮助用户成长的内容，都可以作为个人成长类内容发布。运营者不必拘泥于某一种特定的形式或内容。

3. 变现方式多

和家居领域变现机会较多的优势有所不同，个人成长领域是变现方式非常多。为了鼓励小红书用户创作优质内容，也为了让产出这部分内容的运营者更好地实现变现，小红书官方采取了很多措施，如前文提及的鼓励政策、经验付费板块等。

除官方的渠道外，个人成长领域的变现方式还有以下 6 种：品牌合作或代言、知识付费（社群或直播课）、个人资源、自有产品、付费咨询、直播带货。运营者可以选择适合自己的方式来变现。

素人号在个人成长领域有很多优势，那么，如何做才能将这些优势发挥到最大呢？换言之，运营者究竟应该如何做才能创作出更受用户欢迎的内容，在个人成长领域掘金呢？

举个例子，某小红书博主将自己定位成读书博主，平时主要分享和读书相关的内容。她运营小红书的时间不长，从 2021 年 7 月开始，截止到 2022 年 3 月 17 日，半年时间共收获粉丝 1.7 万，总获赞与收藏量达到 3.9 万，如图 4-6 所示。

图 4-6 某个人成长领域的小红书账号主页

通过观察、分析该账号，再结合小红书上同领域的其他博主发布笔记的情况,可以大致总结出个人成长领域笔记的几个创作要点。

1. 笔记封面采用暖色调

通常情况下,涉及个人成长相关的内容都是积极、正向、阳光的,为了激起用户的斗志、点燃他们的热情,运营者在创作笔记时,可以选用暖色调的图片作为封面。因为暖色调在某种程度上就代表了热情、向上,能够很好地契合用户的需求。

如果仔细观察小红书上个人成长领域的相关笔记,就能发现很少有运营者会选用冷色调的图片作为封面,除非是和摄影教学相关的笔记,否则采用的大多是暖色调。

2. 封面中用文字突出主题

绝大多数个人成长博主都会在笔记封面中用简短的文字标明本篇笔记所要阐述的重点,如"培养阅读习惯的7个方法""一个高内耗女孩的自我疗愈方法,如何走出精神内耗""素人号从0到1做自媒体之爆款笔记怎么写"等。

用户一眼看到封面中的文字,就知道笔记内容是不是自己想要阅读的。因为涉及个人成长类的内容非常多,但是用户的取向和偏好又比较分散,如果不在笔记的封面中阐明具体内容,用户查看笔记详情之后发现不是自己要找的内容再点击退出,就会降低笔记的完播率,影响笔记热度。

3. 正文内容有干货

涉及个人成长方面的内容一定要有干货,因为用户观看这类内容本就是为了得到成长,或是帮助他们解决一个问题,或是让他们懂得一个道理,又或是让他们某方面的技能得到提升,所以这类内容必然要满是干货才会受到用户的欢迎。

运营者要注意,并不是笔记的字数越多就说明笔记的干货越多。现在的用户普遍受教育程度比较高,他们对内容是否优质有着自己的判断,也能判断运营者是否在用心创作内容。

所以，运营者在创作这类内容时，不能长篇大论堆砌内容，而是要用心创作，哪怕只是很简单、很细微的一个点也要经过雕琢。只有这样，才能更受用户欢迎。

素人号在刚刚开始运营时一定会遇到诸多困难，不懂运营技巧，也没有机构扶持，想要变现但是又不知道该从何下手。在这种情况下，领域的选择非常关键，任何运营技巧都可以后期学习，但是如果选择错了领域，就只能从头再来，那样时间成本和人力成本都太高。因此，素人号从决定运营小红书的那一刻起，就要选好领域，让自己赢在第一步。

4.2 "素人号"掘金小红书的三大步骤

运营小红书是一个系统、长期的过程，对素人号的运营者来讲，即便全职运营小红书，有充足的时间和精力，可是比起那些有团队和资源的运营者，面临的困难和挑战也更多。

运营者要明白，慎重地选择领域只是开端。虽说领域选择对了，运营就成功了一大半，但这并不意味着只要选对了领域，就能马上在平台上成功掘金。想要在小红书上获得收益，还需要在后续的运营上下功夫。只有把前期和后期的工作都做到位，掘金才能变得更加容易。

不过，运营者也不要庸人自扰，不必把后期的运营想得过于困难。只要按照以下步骤，在每个阶段做好该做的事，哪怕是没有任何基础的素人号也能在小红书上轻松掘金。

4.2.1 第一步：测试选题

素人号要掘金小红书，第一步需要做的就是测试选题。当运营者经过前期的摸索，确定深耕某一个领域，准备开始创作笔记时，首先就要对选题进行测试。这样做是为了进一步确定在一个大领域下，什么样的细分内容对用户而言更有吸引力。换言之，做这一步的目的是帮助运营者找到精准的目标用户群体，为后续的变现积累粉丝基础。

选题一直以来都是很多运营者的"痛"，有很多运营者创作能力非常强，不仅拍摄、剪辑技术非常好，文字功底也很强，但他们创作出来的笔记就是无法吸引更多的用户。之所以出现这种情况，就是因为他们没有事先对笔记的选题进行测试，没有找准用户真正喜欢的内容究竟是什么。

那么，如何才能创作出能够击中用户心智的选题呢？运营者在运营的过程中可以参考以下两个方法。

一、确定核心关键词

要找到合适的选题，首先运营者需要结合自己所处的领域和账号本身的定位，确定核心关键词。什么是核心关键词？一个关键词是否核心并不来源于运营者本身的认知，而是取决于在某个领域内，用户最常用的搜索词是什么。

想要确定核心关键词，运营者可以借助千瓜数据等第三方平台。就拿千瓜数据来说，运营者可以登录千瓜数据平台的主页，在左侧的侧边栏中找到"小红书运营"类目，该类目下的"热搜词搜索""热搜词榜""话题搜索""热门话题榜"等都可以作为确定核心关键词时的参考。

除此之外，千瓜数据还会定期针对各个领域推出领域报告，报告里面一般会对一段时间内的热搜词数据进行总结，如表4-1所示。运营者可以定期关注。

表4-1 千瓜数据发布的相关数据

热搜词	笔记篇数	热度值
装修灵感	19400	90711
客厅装修	9429	46744
小户型	5838	29614

续表

热搜词	笔记篇数	热度值
卧室大改造	2960	23828
室内设计	12514	22945
阳台装修	3948	21503
置物架	2982	17885
装修风格	4839	14212
餐边柜	2942	14173
卧室地毯	1460	11604

这些都可以作为运营者在确定核心关键词时的参考，不过既然是核心关键词，数量一定不能太多。运营者可以对这些关键词进行初步筛选，把自己认为合适的关键词纳入自己的关键词库，然后再从关键词库中找到最为核心的关键词。

需要注意的是，关键词库是需要实时更新的，尤其是素人号各方面的资源都比较欠缺，所以建议在运营小红书的过程中每天花费一定的时间去了解所处领域的热门内容，不断筛选和更新关键词库。因为这些关键词就是选题的切入点，可以帮助运营者更快速地确定用户喜爱的选题。

二、深度分析核心关键词

确定合适的核心关键词之后，为了让选题更加大众化，也就是为了创作出更受用户欢迎的内容，运营者要对找到的核心关键词进行分析，即运营者要对竞争者创作的内容进行了解，看看同样的关键词同行都是从哪些角度来切入的。

具体怎么做呢？运营者可以将确定好的核心关键词放到小红书上去搜索。例如，某美妆领域的运营者想创作一篇和眼妆相关的笔记，确定了笔记的核心关键词为"肿眼泡眼妆"，于是她利用该关键词在小红书搜索到了非常多与之相关的笔记。这些笔记的选题方向和内容形式，运营者都可以进行参考。

当然，为了让笔记的选题方向更加大众化，使笔记更受欢迎，运营者在对核心关键词进行搜索时，还可以利用"最热"功能进一步缩小参考范围，如图4-7所示。

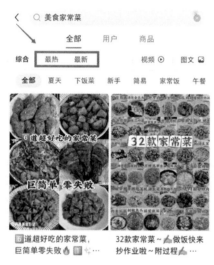

图 4-7 小红书搜索界面示意图

人们常说，每一次的超越都是从模仿开始的，对于没有任何基础的素人号来讲，当摸不清方向、不知道该如何确定选题的时候，要学会借力。可以看看平台上其他同行是如何做的，参考一下他们的创作思路和方向，沿着他们已经成功的路线向前走，运营之路或许会轻松许多。

参考以上两个方法，运营者对选题的方向就会有一个比较清晰认知。另外，为了把握近期热点，使创作的内容能够紧跟平台趋势，运营者除了自己对选题进行测试，还可以通过小红书的相关功能来找到近期的热门选题。

运营者可以点击账号主页左上角的"≡"，进入"创作中心"，下拉到"笔记灵感"栏目，如图 4-8 所示。

图 4-8 笔记灵感的位置

运营者可以通过点击"本周热点"和"官方活动"来了解近期平台上哪些选题比较受欢迎，以此来确保自己所创作的内容符合大众口味。

4.2.2 第二步：笔记铺量

当运营者确定了选题方向之后，接下来就要通过大量的笔记加强用户对账号的记忆点，即笔记铺量。简单来说，就是通过笔记刷屏的方式帮助账号打造声量。

什么是声量？百度百科将其定义为声音的响度或强度、音量。应用到小红书等内容平台，这个词可以理解为知名度，即一个账号被提及的次数。某段时间内，一个账号被提及的次数越多，说明该账号的声量越大，也就是用户对该账号的熟悉程度增加。

对没有任何基础的素人号而言,既没有丰富的运营经验,也没有充足的资金支持,想要让账号占领用户心智,最直接的办法就是大量产出笔记,增加账号在用户及品牌面前的曝光率。

在发酵阶段大量发布笔记除了能进一步增加账号的曝光外,对于运营者来讲还有另外一个重要作用,即通过不断尝试找到最适合自己的风格,让笔记内容在迎合大众的同时兼具个人特色,而且可以让运营者更加明确自己是否适合长期运营小红书账号。为什么这么说?因为很多运营者在确定好定位和方向之后,总会陷入深深的自我怀疑和自我否定中,担心自己不具备持续输出高质量笔记的能力。通过发酵阶段的学习和尝试,正好可以帮助运营者确定自己是否具备这一能力。

但是运营者要注意,大量发布笔记也是有技巧的,并不是只要数量达到要求即可。那么,在这个阶段运营者应该如何做才能真正帮助账号打造声量呢?

1. 固定更新频率

有很多运营者认为铺量只是笔记发布量要达到一定的数值,但他们没有考虑笔记数量之外的其他因素,比如笔记更新的频率。很多素人号并不是全职运营小红书,他们只是利用自己的空余时间兼职做小红书运营者。当这些兼职运营者本职工作忙的时候,可能两三天都抽不出时间来发布笔记,但是当他们空余时间较多时,有可能一天发布三四篇笔记。

和那些更新频率相对固定的账号相比,虽然二者每周发布笔记的数量不相上下,但是最终取得的效果却相差甚远。这是因为平台会通过一个账号的更新频率来判断该账号的活跃程度,如果一个账号总是间歇性更新,有时连续发布好几篇笔记,有时又好几天都不更新一篇笔记,平台就无法对账号的活跃程度进行判断,也就无法及时给予这个账号流量扶持。而且当一个账号的更新频率不固定时,很有可能会被平台判定为"营销号",一旦平台认为一个账号是"营销号",那么该账号的发展就会受到极大的限制。

因此，要想让笔记铺量的效果最大化，除了数量上要达标，运营者还应注意固定笔记更新的频率。有条件的运营者可以保持每天更新，时间和精力相对不足的运营者也应该保持一周 2 ～ 3 篇笔记的更新频率。

2. 固定发布时间

除更新频率之外，运营者在发布笔记时还应注意固定笔记每一次发布的时间。原因同笔记更新频率一样，如果一个账号发布笔记总是比较随意，有时早上发布，有时中午发布，有时又是晚上发布，将不利于平台对该账号的活跃时间进行判断。

而且笔记发布的时间不固定，就很难让用户养成阅读笔记的习惯。比如一个账号固定每天下午六点左右发布笔记，持续一段时间后，用户就会形成思维定式，每天一到固定的时间，就会关注该账号有没有更新笔记。

久而久之，运营者和用户之间就会形成一种默契，这种默契能够很大程度上促使账号发展得更好。

最后，需要格外强调的一点是，虽然该阶段的主要任务是铺量，需要大量发布笔记，但是运营者也要注意，只要是发布出去的笔记就要符合小红书社区规范，而且内容要具备吸引力，不能只重视数量而忽视质量，否则无异于本末倒置，是不可取的。

4.2.3 第三步：精准运营

完成广撒网的步骤之后，接下来素人号的运营者需要慢慢地将网收回，实现精准运营。如果说铺量发布笔记是为了增强账号在平台上的地位，强化账号在用户心中的印象，那么精准运营就是为了凸显账号的个人特色，帮助账号区别于同领域的其他账号，让运营者成为垂直度较高的 KOL。

这个阶段也可称为"KOL 养成阶段"，目的在于将账号打造成受品牌商家青睐的账号，从而轻松变现。具体如何做呢？运营者可以通过以下3个步骤来帮助账号引爆口碑。

1. 选一个角度打造爆款

经过前期的测试和发酵，账号已经具有一定的粉丝基础和数据基础，这时运营者需要做的第一件事是选一个角度打造爆款。

在发酵阶段，运营者定时定量发布笔记，这些笔记最终都会沉淀出相应的数据。运营者可以将这些数据和自身的实际情况相结合，选择一个角度来打造爆款。比如，一位穿搭领域的运营者在发酵阶段连续发布了很多和"职场穿搭""约会穿搭""复古穿搭""日系穿搭"等有关的内容，经过一段时间的沉淀发现，"复古穿搭"这类笔记的效果最好。

那么，运营者就可以将视角框定在"复古穿搭"这一细分领域，将这一个细分领域做到极致，将其作为支点去撬动更多的用户和资源。

2. 建立差异化人设

通常情况下，第一个步骤完成之后，账号的数据会进一步沉淀，吸引到的粉丝也会越来越多，此时运营者需要做的就是打造自己的差异化人设。在任何一个互联网平台，想要运营好一个账号，仅仅产出无人设的干货内容是很难长远的。

因为在这样的情况之下，用户关注到的就只有内容本身，会忽视内容的创作者。而这些内容的可复制性和可替代性都非常强，用户可选择的账号非常多，并不一定只青睐一个账号。

鉴于这一点，运营者必须要通过打造差异化的人设来留住粉丝，进一步增强粉丝黏性。人设可以分很多种，可以是颜值出众、性格讨喜，也可以是身材好、学历高、个人背景强等，还可以是一个身份标签，如单亲妈妈、重返职场的家庭主妇、新时代独立女性。甚至运营者本身的特质也可以作为人设打造的参考，如梨形身材、干性皮肤等。

运营者可以根据自己的情况选择适合自己的人设，然后在笔记中重点突出这一人设，占领用户的心智。但是要注意，无论什么人设，都一定要真实，可以在运营者本身特点的基础上进行优化，但是千万不能建立虚假的人设，否则一旦被拆穿，粉丝会迅速流失。

3.挑选一些粉丝进行强互动

当账号的差异化人设立住之后，接下来为了让账号在用户心中的印象更加深刻，运营者还要采取一些措施进一步增强粉丝黏性。

经验丰富的运营者都非常懂得粉丝是一面镜子的道理，在运营的过程中，粉丝提出的建议对于账号的发展有非常大的帮助，不仅可以帮运营者找到创作方向，创作出更受用户欢迎的内容，还能帮助运营者规避一些不必要的风险。

比如，某美食领域的运营者为了尝试不一样的创作风格，对视频的内容进行了一些创新，添加了一些之前没有出现过的元素。笔记发布之后，阅读量明显下降，正当找不到原因的时候，运营者发现有很多粉丝在评论区留言，建议运营者换回之前的风格。运营者听从粉丝的建议，将视频的风格调整回之前的状态，笔记的数据才慢慢恢复到之前的水平。基于此例，笔者想给运营者提出两点建议。

建议一：运营者在日常运营的过程中要善于发现高互动的粉丝，固定和其沟通的频率，可以使用口语化一点的回复，拉近和用户的距离，让用户对运营者更有亲近感，增加账号在用户心中的好感度。

建议二：运营者要时常关注粉丝的需求，并给予反馈。比如某篇笔记发布之后，有粉丝留言，说想看另一类内容，运营者就可以根据实际情况，对提到的比较多的需求有针对性地发布一篇笔记，并且在笔记中表明这是"你们经常提问的内容""你们想要的内容"。这种为满足粉丝需求而创作的内容，能够有效增强核心用户的黏性，帮助账号实现良性循环。

当一个账号成为平台及用户眼中的 KOL 后，它得到的资源就会越来越多，会有越来越多的品牌商注意到该账号，并将合作的机会给到该账号。如此一来，运营者想要变现的目标实现起来就会非常轻松。

4.3 "素人号"的两大变现方式

对于大部分素人号运营者来讲,之所以不断地学习、积累运营经验和技巧,就是为了实现变现。知晓哪些领域更适合入局及在小红书上掘金的三大步骤之后,接下来运营者需要了解在小红书上都有哪些变现方式,以及如何利用好这些变现方式,最终实现变现。

不同于其他内容平台,小红书上素人号的变现方式非常友好,而且是当前所有内容平台中变现路径最短的一个。任何一个素人号,只要其创作的内容有价值、能被人看到,就有快速变现的可能。

在小红书上,适合素人号的变现方式有两种,分别是广告变现和带货变现。

4.3.1 广告变现

广告变现是目前小红书上最简单、最普遍的一种变现方式,也是最适合素人号的一种变现方式。这是由小红书当前的营销机制决定的,随着越来越多的品牌商入驻小红书进行营销推广,给小红书运营者带来了很多商业合作机会。又因为和其他更高等级的小红书 KOL 相比,小红书素人号的报价相对较低,很多品牌商都更倾向于将更多的合作机会给到素人号。

广告变现又可分为品牌合作变现和置换变现。

一、品牌合作变现

通常情况下,如果一个小红书账号的基础数据还算不错,就会有品牌商主动询问运营者是否可以合作。这也是小红书官方允许运营者在创建账号时在个人简介处添加邮箱账号的原因之一。

如果是品牌商主动寻求合作,说明品牌商看中了账号的发展潜力。对于运营者来讲,主动权就更大,运营者可以自行把握报价。不过这一渠道更适用于有一定粉丝基础的账号,而且要求账号本身的垂直度非常高，必须专注于某一领域，否则品牌商是不会有合作意向的。

二、置换变现

和其他内容平台不同，为了让不同量级的素人号都能快速变现，小红书的广告变现除了传统的品牌合作变现外，还有置换变现这种形式。置换变现是指，当品牌商有在小红书上投放广告的需求时，他们会给小红书运营者邮寄一套产品，小红书运营者为该产品创作一篇笔记，帮助品牌商进行产品宣传。这也是小红书区别于其他内容平台的一大优势。

置换变现有 3 种合作形式，如表 4-2 所示。

表 4-2 置换变现的 3 种合作形式

只提供产品	品牌商将产品免费寄送给运营者，不再另外支付费用
只提供稿费	品牌商只给运营者支付稿费，不提供产品或提供产品后需要运营者将其寄回
产品+稿费	在提供产品的基础上，品牌商还会给运营者另外支付费用

其中，只提供产品这种形式更适合粉丝数量较少或处于起步阶段的素人号，随着粉丝数量的增长，变现的形式会逐渐演变成后两种。运营者可以根据账号目前的运营情况，向品牌商提出相应的要求。

了解置换变现的 3 种形式之后，运营者还需要了解从哪里才能找到置换变现的渠道，从而让变现真正落地。目前小红书上置换变现的渠道有两个。

1. 小红书好物体验

"好物体验"是小红书官方推出的一个渠道，用于连接品牌商和运营者。好物体验一共有 4 个步骤：申请体验、二次确认、公布名单、发布笔记。每一个步骤都有规定的时间，如果运营者申请之后在规定的时间内没有收到反馈，说明没有获得合作资格。如果品牌商有合作意向，运营者就会在不久之后收到品牌商寄来的产品，运营者需要试用一段时间后在规定的时间内发布推广笔记。

具体步骤如下。

第一步：点击进入小红书主页，点击左上角的"≡"符号。

第二步：在页面弹出的侧边栏中点击"好物体验"，在本期试用中选择想要申请的产品，进入详情界面后点击"申请体验"。

第三步：按照要求填写收货地址和信息，申请完成之后等待商家反馈即可。

小红书官方设定每人每天可申请5次，运营者可以根据自身的情况申请合适的产品。但是要注意，因为"好物体验"一旦申请成功，就能获得免费使用某产品的机会，所以每天有很多人申请同样的商品，竞争相对来说比较激烈，运营者要做好申请不成功的准备。

2. 螃蟹通告等外部平台

除了在小红书站内获取合作机会，小红书运营者还可以通过一些站外平台获取合作机会，如螃蟹通告等。

运营者可以通过微信搜索"螃蟹通告"的小程序，点击进入之后按照要求登录，然后选择小红书，就能看到很多通告信息，如图4-9所示。

图4-9 螃蟹通告的通告信息

接下来，运营者需要点击右下方的"我的"，进入账户主界面，再点击"名片"，根据提示绑定自己的小红书账号。绑定成功之后，运营者可以点击名片下方的"前往通告广场"，寻找合适的任务。

在认证名片时，运营者不必担心账号目前的粉丝数量过少，在螃蟹通告上有一些任务是指定给新号和素人号的，如图 4-10 所示。

图 4-10 螃蟹通告的通告详情

螃蟹通告上所有的任务都会像上面这个通告一样，将所有的要求和具体的稿费标注清楚，运营者可以根据账号的实际情况进行选择，只要符合条件即可报名参加。商家通过申请之后，运营者可以和商家进一步协商具体的合作事宜。

以上便是置换变现的两个渠道，对于各方面基础都比较差的素人号来说，在运营的初期想要快速实现变现，这两个渠道都可以进行尝试，通过多申请增加申请成功的概率，而且这个过程也可以为后续的变现提供经验。

无论是品牌合作还是置换变现，归根结底都是商业广告变现。素人号想要快速变现，就要抓住平台上的每一个机会，在品牌商没有主动找上门时主动出击，寻求合作。

4.3.2 带货变现

为了打造交易闭环,小红书很早就开始布局电商这一板块。事实上,小红书也是最早将内容和电商结合起来的互联网平台之一。后来,随着小红书的"种草"属性日益突出,带货变现也成了小红书运营者重要的变现方式之一。

同广告变现一样,小红书上的带货变现展开来说也有两种形式,分别是开通薯店带货和品牌合作带货。

一、开通薯店带货

2021年8月,小红书推出"号店一体"机制,小红书的账号体系再次被革新。和原来相比,运营者想要在小红书上开通薯店再也没有各种限制了,只要将账号升级成专业号即可(非专业号升级为专业号也是零门槛)。

开通薯店的整体流程也十分简单,如表4-3所示。

表4-3 开通薯店的流程

第一步	点击"我"进入小红书主页,点击左上角的"≡"符号,点击进入"创作中心"
第二步	找到"创作服务"板块,点击"更多服务",在"作者能力"板块点击"开通专业号"
第三步	点击"实名认证",对专业号进行认证,根据平台的提示操作即可
第四步	升级成专业号之后,退回到"更多服务"界面,在"内容变现"板块点击"店铺"
第五步	点击"我要入驻",之后再点击"选择店铺类型",填写相关信息后等待审核即可

平台审核通过之后,在账号的主页就会出现薯店链接,如图4-11所示。用户点击该链接就可以进入该账号的薯店店铺,可以直接在薯店内下单

购买商品。

图 4-11 薯店示意

"号店一体"机制的实施为小红书运营者的变现提供了一种新的形式,运营者只需要在薯店内上架商品,再通过笔记为商品引流即可。

关于薯店内上架什么商品,运营者可以自行决定。如果有自有产品,比如当前有很多人选择回乡创业,在网上销售自家生产的农产品,运营者就可以将这些产品上架到薯店。如果没有自有产品,运营者也可以售卖其他品牌的商品,不过售卖其他品牌的商品需要提前获得品牌的授权,否则可能会有侵权风险。

另外,小红书为了进一步打通交易闭环,还会将运营者上传到薯店的商品自动同步到小红书商城,这相当于为薯店内的产品提供了另一个曝光渠道,对运营者变现更有利。小红书运营者可以充分利用这一资源来帮助自己变现。

二、品牌合作带货

带货变现的第二种形式是品牌合作带货,这种形式相对于开通薯店带货而言相对被动,因为素人号的粉丝数量较少,而小红书上的很多品牌合作端口都有准入限制,比如要求粉丝数量达到 5000。所以素人号的运营者若想通过品牌合作带货这种形式来变现，更多地只能等待品牌商主动找上门。

想要获得品牌商的青睐，重点在于内容的质量要高，而且笔记的反馈效果要好，前文对此有详细的说明，此处不再赘述。

这里只重点说明当品牌商主动找上门来寻求合作时，运营者如何应对才能实现双赢。运营者接到品牌商抛来的橄榄枝之后，在确定正式合作之前，需要考虑以下3点。

1. 考虑自己的选品标准

很多运营者在接到品牌商的合作邀约时，想都不想就直接答应，认为只要有变现的机会就要抓住。事实上，这是一种极其错误的思维。运营者在接到品牌邀约的第一时间如果不考虑账号本身的定位和自己的选品标准，时间久了就会影响账号的内容垂直度和定位标签，更重要的是会影响用户体验，让用户产生抵触情绪。

因此，运营者在开始和品牌商合作之前，就应该思考清楚自己的账号定位和选品标准，设定一个范围，尽量不要接超出该范围的产品的推广。运营小红书是一件长期、系统的事情，运营者必须具备长期思维，不能贪图眼前的利益，而不考虑账号的长远发展。

2. 考虑具体的合作形式

为了后续合作顺利，在正式合作之前，运营者就要和品牌商商定合作形式，比如是图文笔记还是视频笔记，笔记类型是合集类笔记还是干货类笔记，以及笔记中不能提及哪些内容等。

这些内容都要在正式合作之前确定，否则之后一旦产生分歧，对于双方都是不利的。

3. 考虑品牌合作报价

对于运营者而言，在带货变现时最关心的就是自己在和品牌合作时能够获得多少收益，也就是自己应该怎么确定合作报价。

关于这一点，运营者可以参考业内惯用的报价公式：报价 = 粉丝数 ×

5%，如某素人号拥有 500 粉丝，那么运营者就可以将账号的报价设定为 25，或者围绕这一数值上下浮动。很多人可能会认为这一报价过低，这里要强调的一点是，因为素人号各方面都处于起步阶段，如果报价过高，品牌商就不会选择素人号来合作了。而且素人号在运营的前期，更多地只是为了积累经验和沉淀数据，随着账号的声量越来越大，报价也会越来越高。

  无论是哪种变现方式，都需要根植于账号发展良好的情况下，如果账号一直停滞不前，变现是很难实现的。换言之，要实现变现，运营者应该将重点放在如何提升账号各方面的数据上。当账号的数据变得越来越好时，变现的机会和金额也会越来越多。

第 5 章
引流号如何掘金小红书

在小红书,不少引流号在运营过程中要么被判定违规,要么流量导入效果不佳。从哪里获取流量?怎么获取流量?如何精准引流?这三个问题成为困扰大多数引流号运营者的难题。引流号如何才能在小红书上掘金?本章将从养号、内容、引流和变现这四个方面进行解析,手把手教运营者利用小红书引流变现。

5.1 养号篇:模拟真人操作的前期准备

所谓引流号,指的是用来吸引流量的小红书账号,运营者通过某种方式将自己在小红书上的粉丝(公域流量)转移到一个相对稳定的环境中,最终帮助店铺或产品提升销量,实现转化,用业内人士的话来说,就是构建属于自己的私域流量。

互联网时代,流量的重要性不言而喻。"流量为王"的概念早已经深入每个互联网从业者及传统行业从业者的心中。原来可能还有很多人坚持认为"酒香不怕巷子深",但是在如今这个信息数字化的时代,再醇香的酒,没有营销也很难被大众所知晓,难以得到转化。

为了达到提升转化率、实现变现的目的,很多企业乃至个人都将目光放在了以流量价值高著称的小红书上。每个入驻小红书的运营者都希望能借助小红书引流，从而提高自己的声量，实现收益增长。

那么，运营者怎么做才能利用小红书引流呢？第一步就是养号，即模拟真人操作，以此来增加账号的权重。

5.1.1 包装账号

想要利用小红书吸引用户，达到引流的目的，第一步就要对小红书账号进行包装，提升账号的辨识度。

对小红书账号进行包装可以从 3 个方面来进行，分别是账号的头像、昵称和个人简介。

一、账号头像

头像代表着账号的形象，在运营者和用户素不相识的情况下，一个合适的、符合账号定位的头像能够让用户产生亲切感，在短时间内拉近运营者和用户之间的距离。这不仅能够增加账号的辨识度和在用户心中的信任度，还能够极大地提升个人的品牌价值。

通常情况下，一个账号的头像有 3 种类型，分别是人物形象、账号名字及个人/品牌 LOGO。其中，人物形象又可细分为真人照片、卡通动漫形象、IP 漫画形象。至于究竟选择何种类型的头像，不同的运营者有着不同的需求和想法，但是业内很多资深人士最建议使用真人照片作为头像。这是因为真人照片最能让人将照片和人设联系在一起，既能够增加账号的可信度，又能够拉近运营者和用户之间的距离。

为了让运营者更加明白不同领域的账号应该如何选择头像，下面筛选了一些比较有代表性的账号，运营者可以从中找到他们选用头像的共性，作为选择头像时的参考。

1. 美妆、护肤、穿搭领域

这类运营者建议使用真人照片，因为用户对这类领域的运营者的要求就是真实、可信，如果运营者本人都不愿意使用真实照片直面用户，就很难取得用户的信任。用户不信任运营者,就意味着账号后续的变现会十分困难。

如果运营者出于其他考虑,确实不愿意真人出镜,也可以使用本人的背影或不露脸的其他照片作为头像,如图5-1所示。

图5-1 小红书账号头像展示1

2.学习、文化、教育领域

这类领域的账号所要创作的内容都是一些积极、正向的内容,且大多是干货,因而运营者在选择头像时也一定要注意,无论是否用真人照片作为头像,头像的背景色都不能过于昏暗。

当然了,如果是输出专业内容的运营者,如医学知识、金融知识、法律知识等,可以选择使用个人的商务形象照片,给用户一种专业感,增强用户对运营者的信任。

这类领域的账号头像举例如图5-2所示。

第 5 章 引流号如何掘金小红书

中西医结合科医生
皮肤问题,望闻问切,对症解决从业20余年,擅长各种皮肤问题仁爱之心,分享更多皮肤健康知识!

一个专注两性科普的非正常人类组织 合作: ，添加好友时请注明来意

知识博主
小红书官方号,薛定谔的胫服,看科技&商业原理 合作: ，邮箱:

图 5-2 小红书账号头像展示 2

3.搞笑、运动、美食领域

这类运营者在选择头像时可以相对随意一些,不必非要使用个人照片作为头像,因为这类账号所创作的内容可以不用突出运营者本身,只要内容有价值,就会受到用户的追捧和喜爱。

但是这些领域的运营者在选择头像时也要记住一个原则,即不能脱离账号定位,而且要有个人特色,如图 5-3 所示。

爱上健身
运动博主
定期分享跟感视频!谢谢大家喜欢我的视频!喜欢的可以点关注哦!
中国

搞笑
游戏博主
这个用户很懒,屁都不想写

母婴博主
暂时还没有个性签名哦~
安通尔

图 5-3 小红书账号头像展示 3

由上述案例可以总结出，无论选择哪种类型、哪种风格的头像，运营者都必须遵循两个原则：首先，头像要符合账号定位，能够凸显个人特色；其次，头像要兼具好看与真实。只有同时满足这两个原则，账号的头像才能更有辨识度，而且便于用户将头像和运营者本身联系起来，进一步拉近运营者和用户之间的距离。

二、账号昵称

想要让账号在平台和用户的心中更有辨识度，除了给账号选择一个合适的头像，运营者还应该给账号起一个响当当的昵称。在任何互联网平台，取昵称时都应该以简单好记为第一要义，一个过于复杂的昵称，哪怕其中包含的信息再丰富，只要用户难以记住，都是失败的。

为了便于运营者更加清楚地了解账号的昵称该怎么取，才能增加账号的辨识度和记忆点，笔者总结了6种设置昵称的方式，如表5-1所示，运营者可以作为参考。

表5-1 小红书昵称设置的6种方式

设置方式	举例
专业领域+名字	教穿搭的××、××美食记、摄影××
描述性文字+名字	爱运动的××、××的独居生活、××爱学习
个人化的昵称	秃头少女××、爱吃肉包的××、冲浪达人××
官方化的昵称	育儿知识精选、火辣健身、养生小百科
性格特征+名字	爱笑的××、××今天努力了吗、甜酷少女××
所属地区+名字/行业	武汉街拍、南京××攻略、成都的××

除上述这6种方式外，运营者还可以将本人的名字作为账号的昵称，这是最能够提升账号辨识度的一种取名方式，而且能在很大程度上让用户感受到运营者的诚意，进而起到提升用户对运营者的信任的作用。注意，这里提到的本人名字并不一定是运营者的真实名字，可以是其他平

台使用过的艺名、化名。

取昵称有很多种方式，运营者不必拘泥于某一种特定的方式，在这一点上可以尽情发散自己的思维。只要最终能够让用户通过昵称知道一个账号是做什么的、关注这个账号能够给自己带来什么好处，这样的昵称就是好的账号昵称。

另外，需要格外强调的一点是，无论在哪个互联网平台上，爆款昵称都是重复的。比如以"××说车"作为昵称的账号在小红书上可能有十多个甚至更多。对于这种情况，运营者不必过于担心，虽然前文一直在强调账号的昵称要有个人特色，但是这并不代表运营者在取昵称时要规避和其他账号的昵称重复，只要昵称贴合账号定位和内容即可。

昵称是用户对账号的初始印象，每一位运营者都应该谨慎对待，根据账号的定位和自己的个人特色，取一个好名字。

三、账号个人简介

昵称取好之后，接下来运营者需要对账号的个人简介进行完善。有很多运营者不理解为什么个人简介还要包装，如果用户不点击进入账号的主页，根本就看不到账号的个人简介。

个人简介虽然不像头像和昵称一样随笔记一起展示，但是它有 3 点关键作用：首先，个人简介是小红书官方唯一允许运营者设置其他联系方式的地方，在这里可以引导用户自行搜索运营者的其他联系方式，帮助账号实现自动化引流；其次，个人简介能够突出账号的内容定位和方向，有助于吸引对这一内容感兴趣的用户，实现精准引流；最后，在个人简介处添加一些描述性的文字能够体现运营者本人的特质，提升用户对账号的信任度。

那么，小红书账号的个人简介究竟应该如何设置呢？不同的账号类型，编写个人简介的方向也不同，具体如表 5-2 所示。

表5-2 小红书不同类型账号编写个人简介的原则

账号类型	编写原则
素人号	简单真实、亲民、接地气
达人号	突出账号的内容方向，并标注邮箱等联系方式
营销号	突出个人IP，关联微博、公众号等信息
企业号或线下店铺	标注经营方向、地址及营业时间等

在编写个人简介时，运营者可以适当地在其中添加表情，显得比较俏皮，也能拉近和用户的距离。不过要注意，个人简介处严禁填写自己的微信号，这是不被小红书允许的，运营者要注意规避。

在知道不同类型账号编写个人简介时的大方向之后，运营者还需要知道在编写个人简介时有哪些技巧，以及如何使用这些技巧才能更好地引流，下面列举了5点。

（1）针对目标用户群体的偏好，设置他们感兴趣的内容或对他们有用的信息，如"专注分享日系穿搭"等。

（2）专注于自己擅长的内容，突出自己的核心价值，如"3年海外留学经验，分享留学干货"等。

（3）展示个人魅力，做信任背书，如"中国人民大学毕业，500强央企总部工作"。

（4）标注坐标、年龄、身高、体重等个人信息，获取用户的信任感。

（5）利用表情符、特殊符号对文字进行分隔，便于用户一眼记住。

在编写个人简介时，运营者只要突出核心重点即可，个人简介最核心的目的就是告诉用户你是谁、你是做什么的、你能给用户创造哪些价值。至于其他的内容，用户并不关心，如果堆砌的文字过多，用户还难以从中找到重点，对于运营者来讲就有些本末倒置。

5.1.2 关注官方账号

要想让引流号具备普通账号的特点，运营者在对账号进行包装之后，还要关注一些官方账号，进一步提升平台对账号的认同感。

另外，关注官方账号还有以下好处：第一，可以第一时间知道官方举办了哪些活动，报名参加活动可以获取官方的流量扶持；第二，可以了解账号所处类目当前的推荐趋势和近期热点，有效"蹭热度"；第三，可以了解平台的最新规则，一方面跟上平台发展的脚步，另一方面避免违规。

关注官方账号对于运营者来说可谓是百利而无一害。那么小红书上的官方账号都有哪些呢？

一、通用类官方账号

通用类官方账号有两个，即"薯队长"和"薯管家"，其中，"薯队长"代表了小红书社区，日常主要发布平台的一些大的动向，相对来说不是特别细致，但是比较全面；"薯管家"主要发布、更新社区规则和社区规范的动态，帮助运营者更愉快地发布笔记，如图 5-4 所示。

图 5-4 小红书通用类官方账号

二、功能类官方账号

功能类官方账号指小红书官方根据运营者可能遇到的不同范畴的问题，有针对性地设置的一些官方账号。常用的功能类官方账号有"创作者小助手""小红书视频号""小红书创作学院""小红书体验站""专业号助手""薯条小助手""校园薯""带货薯"等。

每个官方账号的具体功能都不一样,如表5-3所示。

表5-3 功能类官方账号的具体说明

官方账号ID	具体功能
创作者小助手	日常主要发布一些针对创作者的激励活动,如赠送流量等
小红书视频号	主要发布和视频号相关的内容,如产品动态、创作话题推荐等
小红书创作学院	面向小白运营者的运营教程,定期分享创作技巧和攻略
小红书体验站	小红书好物体验官方账号,日常发布好物体验相关内容
专业号助手	主要发布和专业号相关的内容,如专业号入门宝典等
薯条小助手	主要发布薯条功能的一些动态及薯条优化相关内容
校园薯	面向学生群体(主要是在校大学生)发布内容
带货薯	小红书直播带货官方账号,介绍针对带货的功能和玩法

这些是小红书上比较常见的功能类官方账号,每个账号日常所发布的内容都比较有针对性,运营者可以根据需要关注。

三、各个类目的官方账号

无论是通用类官方账号还是功能类官方账号,都是从大方向上出发的,发布的内容适用于所有领域。当前,小红书上早已经不再是某个领域一枝独秀,而是多领域多元化发展、共同繁荣。

为了让不同领域的创作者在进行内容创作时更有针对性,更好地把控各个领域的创作方向,抓住热点,小红书官方也推出了各个类目的官方账号,主要有以下7个,如表5-4所示。

表 5-4 各个类目的官方账号

类目	账号 ID	具体功能
美食类目	吃不饱同学	美食类小红书官方账号,主要发布各种美食推荐
	吃货薯	除美食推荐外,还会发布一些官方活动
时尚类目	潮流薯	小红书潮流时尚领域官方账号
	穿搭薯	会推荐一些博主的优质内容,也会发布穿搭时尚类的活动
	美妆薯	美妆类官方号,日常发布内容同穿搭薯相似
知识类目	知识薯	知识类官方账号,除了优质内容,也会定期发布活动
	VLOG 薯	VLOG 类内容官方账号,平时会发布 VLOG 创作技巧
	Geek 小哥哥	针对男士的数码类官方账号
	薯宝宝	母婴类官方账号,分享优质内容之余,会定期更新活动
娱乐类目	娱乐薯	影视娱乐类的小红书官方号,会发布一些相关活动
	游戏薯	小红书游戏区官方账号,会发布一些和游戏相关的活动
	电影薯	小红书电影领域官方账号,日常主要是推送优质电影
	音乐薯	小红书音乐领域官方账号,日常也会发起流量扶持活动
生活类目	生活薯	主要发布和旅行、探店有关的内容
	日常薯	涉及的内容非常广泛,可以为运营者提供创作灵感
	生活研究所	家居类官方账号,主要发布家居类内容,会定期更新活动

续表

类目	账号 ID	具体功能
运动健身类目	运动薯	运动健身类的官方账号
	蜜桃小姐姐	针对女性的运动健身类官方账号
情感类目	心情薯	主要发布心理和情感相关内容

以上便是小红书上常见的针对各个类目的官方账号，运营者可以根据自己所处的领域关注相关账号，第一时间获取行业最新消息。另外，当运营者一时之间没有创作灵感时，也可以从这些官方账号发布的内容中获取灵感。

5.1.3 关注同行笔记

包装账号和关注小红书官方账号只是养号阶段非常基础的操作，要让平台对账号的印象更加深刻，并且愿意给予账号更多的流量倾斜，运营者还需要做一件事——多关注同行内容，并通过这种方式来提升账号活跃度。

因为是引流号，运营到后期就会有较多和营销相关的内容。但是在账号运营的初期，运营者不可操之过急。如果一个账号刚注册没多久就频繁地发布引流、营销类内容，平台监测到之后就会判定该账号为营销号，然后对该账号进行处罚。

所以，在运营前期的养号阶段，运营者要耐得住性子，先观摩一段时间，将账号的活跃度提升之后再发布内容。运营者每天花费在小红书上的时间和精力越多，账号的活跃度就越高，越容易受到平台的关注。

提升账号的活跃度有两种方式，一是多看，二是多互动（点赞、评论、收藏）。当然，这里提到的多看、多互动是有条件和限制的，并不是小红书上的所有笔记都要一一观看并参与互动。在选择内容时，小红书运营者要尽量选择和自己所处领域相关的内容。

之所以这么做，一是可以参考同行创作的较为成功的笔记，从而为自己之后创作笔记提供灵感和经验；二是多关注同行创作的内容，平台会根据账号的浏览偏好给账号贴标签，会认定账号热衷于某一领域，这样日后运营者在创作类似的笔记时，更容易得到更多目标用户群体的关注。另外，当运营者更多地与同行业的其他运营者互动时，除了能借助其他运营者的流量，让自己多一个获客渠道，还能从同行那里获得更多关于行业的信息，掌握更多行业热点，紧跟行业发展趋势。

在养号期间，运营者除了关注同行发布的笔记，还可以通过"附近"通道，查看附近的运营者发布的笔记，这样做能进一步让平台感知到账号是真实的。尤其是生活在一、二线城市的运营者，更应该多浏览附近的运营者发布的内容，因为生活在一、二线城市的人群是小红书的主要用户群体，运营者多浏览他们发布的笔记不仅能够感知当前用户的关注动向，说不定还能发展一些线下联系，帮助账号更快速、更便捷地引流。

5.2 内容篇：最适合引流号的两种爆文

养号一般持续 3～5 天，这一阶段过了之后，运营者就要进入创作笔记的阶段。不同于一般的账号，引流号在内容的选择上较为有限。因为引流号的最终目的是帮助运营者引流，所以很多不利于引流的内容不建议运营者创作，如故事型笔记、干货型笔记等。

那么，针对引流号而言，有哪几种类型的笔记能够帮助其更快速地达到引流的目的呢？通常情况下有两种，分别是测评类笔记、合集类笔记。

5.2.1 测评类笔记

测评类笔记，顾名思义，是指对某一款或多款产品进行测试，然后将得出的结果通过笔记的形式告知用户，这个结果可能是正向的，也可能是负向的。

小红书上的 3 篇测评类笔记如图 5-5 所示。

图 5-5 小红书上的 3 篇测评类笔记

仔细研究小红书上的测评类笔记，不难发现很多笔记都是同一个套路，即在笔记的开篇设置悬念，引出笔记想要表达的主题及想要测评、推荐的产品；接着再对该产品进行详细的解释和说明，比如产品的功效、质地、适合人群、价格及自己使用后的感受等；最后再用一段总结性的文字着重突出需要引流的产品。

总结起来，可以得知测评类笔记创作的具体思路和方法，即使用了 why（为什么要创作这篇笔记）、what（这篇笔记的主题是什么）、how（最终的结论是什么，用户该怎么选择）的逻辑，接下来对这种逻辑进行详细介绍。

一、为什么

这部分的内容相当于引子，目的在于引出下面要阐述的重点。之所以在笔记的开头要遵循这一思路，是因为小红书是一个"引流圣地"，用户每天浏览小红书能看到非常多"种草"笔记，如果一篇笔记开篇就直接介绍产品，用户难免会认为该笔记的营销属性太强，进而对这篇笔记乃至该账号失去信任。

换言之，设置这部分内容也是为了打消用户的顾虑，获取用户的信任，让用户愿意继续看下去。

比如某运营者要创作一篇关于防晒产品的测评，笔记可以这样开头："俗话说，养儿不防老，防晒才防老。夏天又要到了，又到了大量囤防晒的时候，但是很多粉丝给我留言说买的防晒不好用，要么防晒效果差，还是会晒黑；要么太黏腻，肤感不好。市面上的防晒产品那么多，我们到底怎样才能选到适合自己的防晒产品呢？"

这样既引出了笔记接下来要阐述的内容，又能够抓住用户的眼球，吸引用户继续阅读下去。

二、是什么

通过上述操作引出本篇笔记所要阐述的重点后，接下来就应该对引出的问题进行重点描述，对市面上比较火爆的一款或多款防晒产品进行测评，从多角度分别阐释其优势和劣势，有针对性地指出什么产品适合哪部分人群。

注意，在这个阶段不要过多地对引流产品进行夸赞，而是应该用相对客观的态度或者结合自身的使用情况对其进行评价。

在表现这部分内容时，运营者可以使用的形式不限，重点在于测评的结果要尽可能详细且公正。只有这样，用户才能更信任博主，才会更愿意购买博主推荐的商品，笔记的引流效果才会更好。

三、怎么做 / 怎么选

最后，运营者需要在笔记的后半部分进行总结，直截了当地告诉用户哪些产品可以选择，哪些产品最好不要选择，但是要强调用户需要结合自身的实际情况进行选择。

本书多个地方都有提到，当今时代是一个快节奏的时代，大部分人的时间和精力都比较有限，用户更希望在小红书上得到一些拿来即能用的消费清单或问题解决方法。所以运营者要利用好用户的这一心理，在测评笔记的最后部分对笔记的内容进行整理，并对结论进行总结。

创作这类笔记时，运营者一定要尊重事实，不能为了给某款产品引流就歪曲事实,用夸张的语言描述其他同类产品的缺点,突出引流产品的优点,或是对引流产品的缺点避而不谈。

5.2.2 合集类笔记

合集类笔记是指将内容、风格、产品属性或其他方面相同或类似的笔记归纳到一篇笔记里,如"秋冬显白美甲合集""六月通勤穿搭合集""运动休闲鞋合集",都是比较常见的合集笔记,如图 5-6 所示。

图 5-6 小红书上的 3 篇合集类笔记

除了上述提到的这种"种草"的合集,小红书上还有许多其他种类的合集笔记,如"美食博主翻车合集""人类幼崽奇葩行为合集""悬疑破案剧合集"。在小红书上,合集类笔记可创作的空间非常大,只要是风格、调性相似的内容,都可以作为合集类笔记的素材。

那么,针对引流号而言,小红书运营者可以从哪些角度出发来创作合集类笔记呢?

一、好物推荐合集

这种类型的合集笔记是小红书上最为常见的一种合集笔记,运营者可以把自己认为好用或性价比较高的产品整理成合集向用户推荐,如图 5-7 所示的 3 篇笔记都是好物推荐类合集笔记。

运营者可以把需要引流的产品嵌入这些产品中,这种不刻意的方式既能很好地为产品引流,又不会引起用户的反感。

在创作这种合集笔记时,运营者要注意多用描述性的语句,比如"显气质""高级""舒适""适合×××场景"等(如图5-7所示),添加这些词句一方面可以让笔记显得不那么生硬,而且能有针对性地满足用户的需求,吸引用户;另一方面可以极大程度地增加用户对运营者的信任感,拉近双方的距离,为后续的运营奠定良好的基础。

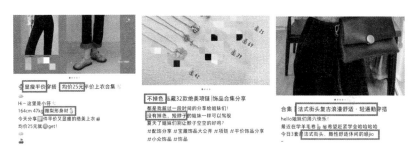

图 5-7 小红书上的 3 篇好物推荐合集笔记

二、翻包合集

翻包合集也是当前小红书上比较流行的一种合集笔记的创作形式。所谓"翻包",就是指通过翻看自己或别人的包,向用户"种草",这种合集也可视为好物推荐的另一种创作形式。

不过和好物推荐合集不同的是,这种合集只能介绍、推荐一些相对来说比较小巧的物品,如口红、香水、墨镜、漱口水等,如图5-8所示。

图 5-8 小红书上的 3 篇翻包合集笔记

当前,在小红书上也有一些账号专门以"翻包"作为创作主题,连续创作多篇笔记，并将这些笔记共同组成一个更大的笔记合集，如图5-9所示。

图5-9 翻包系列笔记

比起其他创作主题，这种类型的笔记创作起来比较简单，而且即便是"种草"商品，或者为某一件商品引流，也不会显得过于刻意。用户对这类笔记的接受度更高，笔记的引流效果更好。

另外，创作这种类型的合集笔记时，运营者需要注意，从包里拿出来的产品要符合实际情况。比如有的运营者会在这类笔记中介绍吹风机，这就非常不符合常理，用户看到之后会觉得非常刻意，进而认为账号可能是营销号，那么之后该账号发布的笔记也很难再获得用户的关注和信任。

三、探店合集

合集类笔记的第三个细分种类是探店类笔记，如图5-10所示。

图5-10 小红书上的3篇探店合集笔记

探店类合集笔记非常适合想要为线下店铺引流的引流号,随着电商的迅猛发展,再加上受到当前社会环境的影响,很多实体店铺的店主纷纷注册了小红书账号,在"号店一体"机制的扶持下,将线下的生意搬到了线上。也有很多实体店的店主会选择和小红书达人或素人合作,这也会给小红书运营者带来更多的变现机会。

不过,运营者也不要局限自己的思维,探店类合集笔记不仅适用于线下的店铺,也适用于线上的店铺,比如"1688探店""某网红店铺探店"等都是当前小红书上的热门选题。

简言之,如果引流号的目的是帮助线下或线上的店铺引流,不妨尝试这种创作形式。

四、流程型 / 系统型合集

最后一种是流程型 / 系统型合集笔记,就是运营者发布一篇笔记,介绍完成某一件事的具体流程,如护肤、化妆等,然后在每个步骤里推荐一些产品,在整个流程中自然地完成"种草",帮助商品引流。

举例来说,某护肤运营者发布了一篇和晚间护肤相关的笔记,其中涉及卸妆、洗脸、按摩等流程。在这个过程中,她除了向用户传授自己的护肤经验,也推荐了自己日常使用的一些产品,不知不觉中就完成了对某件商品的引流,如图 5-11 所示。

图 5-11 护肤流程相关笔记

这类笔记可以"种草于无形",不过要想效果更好,前提是账号本身具有一定的影响力,或者某款产品具有能够让用户肉眼可见的实际效果,必须让用户对运营者本人产生信任,用户才会愿意购买运营者所推荐的产品,只有这样账号引流的效果才会更好。

需要强调的一点是,无论哪种类型的合集类笔记,其创作重点都是要在笔记的标题文案、封面图片中标明"合集"二字,而且还要重点突出"数量多""品种全""百搭"等关键词,在突出这些关键词的前提下,再根据每篇笔记的不同内容添加限定词。只有这样的笔记才能在第一时间抓住用户的眼球,吸引用户阅读笔记详情,让引流的效果更好。

如果对小红书上的笔记研究非常透彻的话,运营者会发现很多时候测评和合集是同时存在的。尤其是一些有经验的博主经常会选择组合一些同类产品进行测评,创作一篇测评合集笔记,通过比较来增强笔记的说服力,从而获取用户的信任。

5.3 引流篇:四大方法,让引流更简单

2021年8月,"秋叶大叔"公众号发布了一篇标题为《为什么一定要做小红书?》的文章,掀起了一股小小的热潮。很多人在公众号后台留言表示赞同,也有很多人发私信咨询一些关于小红书运营的问题。

咨询最多的一个问题是:小红书究竟应该怎么引流?有一位读者是这样说的:"秋叶老师,我最近在尝试用小红书为线下店铺引流,但是我一共才发布了5篇笔记,就有3篇笔记被判定违规,账号注册了一个星期就被封了。很多人都说小红书引流效果好,但是我为什么就觉得这么难呢?想问一下您,我应该怎么做呢?"

为了规范社区行为,营造良好的社区风气,小红书一直致力于打击那些营销性质过于明显的账号,三令五申禁止账号发布不合规的联系方

式,严厉打击恶意营销行为,也绝不允许账号发布影响用户体验的笔记内容。

在这样的背景之下,运营者究竟应该怎么利用小红书引流,才能既不违反平台规则,又能让引流的效果最大化呢?以下提供了四种具体的方法。

5.3.1 简介引导

很多运营者都清楚,小红书严禁运营者在除个人简介外的地方发布自己在其他平台的账号和联系方式。所以,运营者想要利用小红书为其他平台或线上线下的店铺引流,就可以在个人简介处标注清楚,如图 5-12 所示。

图 5-12 利用个人简介引流

邮箱账号可以预留 QQ 邮箱,因为通常情况下 QQ 邮箱的账号包含了 QQ 号,而当前小红书的年轻用户比较多,使用 QQ 的人也比较多,预留 QQ 邮箱账号可以让年轻用户"顺藤摸瓜"找到运营者的 QQ 号,然后通过 QQ 号和运营者取得联系。

当运营者在其他平台注册的账号名称和小红书账号昵称一样时,也可以像上图中的两个案例一样,在个人简介处注明"全平台同名",这样用户在其他平台通过搜索账号的小红书昵称也能找到该账号,如此就可以很好地实现多平台跳转引流。

5.3.2 巧用标签

运营者除了在个人简介处标注联系方式外,还可以在创作笔记时在图片中添加标签,如图 5-13 所示。

用户可以通过点击图片中的标签,直接跳转到产品的详情界面查看产品的具体属性,而且可以直接下单购买,为提升产品的转化率创造了极大的便利。

图 5-13 添加了标签的笔记

如果需要为外站引流,运营者也可以在创作笔记时编辑标签的具体内容。目前小红书上的标签是允许自定义的,比如某运营者是一位淘宝服装店店主,为了给自己的淘宝店铺引流,她每次创作笔记时都会为笔记添加标签,在标签中注明自己的淘宝店铺名称。

小红书自成立以来为了满足用户需求,适应市场变化,也进行了多次改版。当前在创作小红书笔记时,为图片添加标签的方式分为以下两个步骤,如图 5-14 所示。

 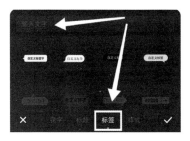

图 5-14 为笔记图片添加标签的方式

第一步：点击小红书主界面下方的"+"按钮，进入发布笔记的界面，选择提前准备好的拟定发布的图片，单击"下一步"按钮，然后点击当前页面左下角的"T"按钮。

第二步：在弹出的新页面中选择"标签"，即可添加自定义标签。运营者可以选择自己喜欢的、适合图片风格的标签样式，然后自行编辑标签的具体内容。

标签是帮助账号引流的一大"利器"，是小红书提供给运营者的便利，运营者要学会利用，将其效用发挥到最大。

5.3.3 笔记置顶

在小红书上，通过设置简介和添加标签的方式引流是两种比较常见的引流方法，运营者只要加以利用，都可以获得不错的引流效果。只不过为了让引流更加直接，运营者还可以尝试将笔记置顶。

小红书推出"笔记置顶"这一功能后，很多运营者会选择将其发布的所有笔记中效果最好的一篇置顶，当用户点击进入账号主页后，一眼就能看到这篇笔记，如果用户点击查看，就会增加这篇笔记的曝光量和浏览量，笔记效果就会得到提升，可以帮助账号获得更多的流量倾斜。

这是一种帮助引流的方式，但是这里笔者要强调的是另一种利用笔记置顶引流的方式。前文多次提到，小红书官方禁止运营者在除个人简介外的地方发布自己的私人联系方式，包括私信，一旦被后台监测到，就会对账号进行限制。

但是很多运营者运营小红书主要是为了给微信引流,只有留下微信号,引流的效果才会更好。面临这种情况,运营者应该怎么办呢?

运营者可以专门发布一篇包含联系方式的笔记,然后将其置顶,这样用户只要打开账号主页就能知道运营者本人的联系方式,如图5-15所示。

图 5-15 将包含联系方式的笔记置顶

这种方式可以很好地将小红书上的公域流量引到自己的私域流量中。将这篇笔记置顶后,运营者在发布其他常规笔记时可以通过评论等方式告知用户主页可以添加联系方式,这样就形成了一个流量闭环,让引流的效果更好。

只不过运营者在引流时,要注意规避一些敏感词汇,以免平台监测到笔记违规,不允许发布。

5.3.4 创建群聊

第四种引流方式是创建群聊,这一功能是2021年推出的,几经更迭和改版,现在对于运营者来说,使用起来已经非常方便,可以极大限度地实现引流和转化。

为什么这么说?因为当前在小红书上,用户进群的方式非常简单,只需要在账号的主页点击"群聊"按钮,即可进群,如图 5-16 所示。但前提是用户必须关注了运营者才有资格进群。

在群内,运营者或用户发布什么信息相对而言就比较随意了,运营者即群主可以在群内发布一些想要为其引流的具体商品的信息并附上购买渠道,吸引用户购买,从而实现变现,如图 5-17 所示。

图 5-16 创建了群聊的账号主页

图 5-17 利用群聊引流

创建群聊主要有以下两个步骤,如图 5-18 所示。

图 5-18 创建小红书群聊的步骤

第一步：点击小红书主界面下方的"消息"按钮，进入账号消息界面。

第二步：点击当前界面右上角的"创建聊天"按钮，在弹出的下拉类目中选择"创建群聊"，再根据平台的提示完善相关信息即可。

完成这两步之后，群聊的入口就能显示在主页了。

以上就是四个既能帮助账号引流，又能让账号不违反平台规则的方法。小红书虽然对引流有诸多限制，但只要找到正确的方法，想要在小红书上引流并不是什么难事。

5.4 变现篇：引流号变现的三大方法

不同的账号有不同的引流目的，有的是为了帮助线上或线下的店铺引流，有的是为了帮助微信公众号引流，还有的是和别人合作，为别人的内容引流，然后从中赚取佣金。无论是引流到站内还是引流到站外，为自己引流还是为别人引流，最终的目的都是变现。

在熟知引流号运营的相关技巧后，运营者还需要了解变现的具体方法。在小红书上，引流号要想更好地变现，有以下三大方法。

5.4.1 店铺引流变现

适合引流号变现的第一种方式就是店铺引流变现。注意，这里提到的店铺特指小红书薯店。这种变现方式是最为小红书所鼓励的，因为它不需要引流到站外，有利于小红书打造商业闭环。另外，对于运营者而言，这种变现方式因为受到平台的鼓励，也会得到诸多扶持，引流变现的效果可能更好，而且打理起来也会更容易一些。

前文有提到，自 2021 年 8 月，小红书正式开始实施"号店一体"机制后，运营者申请小红书薯店变得非常简单，只要从非专业号升级成为专业号，即便是零基础、零粉丝的账号也能申请薯店。

关于薯店申请的具体方法前文已经讲过，此处不再赘述。要想通过店铺引流这种方式实现变现，运营者可以将产品上架到薯店，然后在笔记中通过添加商品购买链接的方式将流量引到小红书薯店，如图 5-19 所示。

图 5-19 中的这篇笔记就是通过在图片中添加产品链接的方式将流量引入店铺中，用户通过点击左下角的链接，可以直接进入薯店购买商品。这种方式可以大大缩短交易时间，提升交易效率，进而帮助薯店提升销量，实现变现。

那么，如何在图片中添加产品链接呢？操作方法非常简单，只需要运营者在发布笔记时点击"关联商品"，在弹出的页面中点击添加商品，如图 5-20 所示，商品购买链接即可随笔记一起生成。

这种变现方式几乎适合所有的引流号，而且是针对引流号的所有变现方式中最直接、最简单的。不过需要注意的是，商品只有提前上传到薯店，在发布笔记时才能进行绑定，而且运营者上传到薯店的商品必须合法合规，不能有利益纠纷或其他产权纠纷。

图 5-19 小红书笔记引流到薯店

图 5-20 为笔记添加商品购买链接

5.4.2 社群引流变现

虽然在小红书上开通薯店没有限制和门槛，但还是有很多运营者因为种种原因无法开通薯店，比如自己没有商品或商品没有拿到品牌授权，或是资质不全，无法通过平台审核等。

置身于这种处境的引流号如何才能将小红书上的公域流量转化成自己的私域流量，更加高效、快速地变现呢？运营者可以尝试社群引流变现这种方式。至于创建何种社群及在哪个平台上创建社群，不同的运营者有不同的想法和渠道，这里只着重讲解两种比较常见的社群变现形式。

一种是前文提到的小红书群聊，另一种是大多数人惯用的微信社群。

无论是小红书群聊还是微信群聊，运营者只要将用户吸引到自己的"领地"内，利用小红书引流的工作就算成功了。

接下来，运营者需要结合社群变现的具体操作方法，在社群内发布和营销相关的信息，如上文在介绍创建小红书群聊的内容时有提到，目前小红书平台对群聊的管控相对而言没有那么严格，所以，小红书群聊创建成功之后，运营者可以在群聊内发布一些商品的相关信息，并对商品的购买渠道加以说明。通过用户对运营者的信任引导用户购买商品，从而盘活自己的私域流量，实现变现。

除了小红书社群，其他的社群如微信社群，具体的操作方法都比较相似。运营者通过运营小红书，将小红书上的公域流量转化为个人的私域流量之后，需要再结合社群变现的方法，将用户盘活，不断提升转化率，从而实现变现。

5.4.3 评论、私信引流变现

前两种变现方式的指向性都比较明确，但同时也比较单一。当运营者既不想尝试店铺引流变现，又不想尝试社群引流变现时，可以尝试通过评论、私信引流变现。

小红书运营者可以在笔记中或者评论区通过一两句简短的文字将用户吸引至私信（如图 5-21 所示），然后通过私信和用户进行交流，获取用户的联系方式或者让用户知晓运营者的联系方式。

图 5-21 笔记中私信引流

这种方式可以把流量吸引到任何运营者想要为之导入流量的地方，如淘宝店铺、拼多多店铺、线下店铺等。

运营者也可以直接在评论区说明线下店铺或其他平台的线上店铺的名称或地址，平台不会判定笔记内容违规。但是要注意，运营者一定不能直接在评论区向用户透露自己的私人联系方式。

关于这种引流方式，还有一个小技巧，即通过私信和用户交流时，为了避免账号违规，运营者可以引导用户主动告知他的联系方式。这种方式既可以避免账号违规，还能将主动权掌握在自己手上，为自己精准筛选流量。

有一点需要着重强调，虽然运营者创建小红书账号只是为了引流，小红书账号于他们而言只是一块跳板，但是要想让引流的效果更好，将用户圈到自己的"领地"内，并且转化成优质资源，运营者就一定要重视笔记的质量。因为只有优质的内容才能吸引更多更高质量的用户，才更有利于运营者快速、高效地变现。

第6章
品牌号如何掘金小红书

有品牌价值提升、受众范围拓宽、寻求新的增长点甚至第二增长曲线等需求的品牌，如何借助小红书夯实自身的品牌力？本章主要讲解品牌掘金小红书的实操攻略，包括年销千万的品牌营销指南，以及达人投放技巧、变现方法和品牌号的榜样玩法。

6.1 哪些品牌适合入驻小红书

"在小红书，我们能够直接聆听消费者真实的声音。真实的口碑，是连接品牌与消费者最坚实的纽带。"这是某著名美妆品牌首席用户官对小红书的评价。

小红书是不少企业和品牌最看重的营销平台之一。这是因为与其他内容平台相比，小红书上用户的真实品牌体验更容易产生长尾的消费决策影响。

那么，品牌传播力超强的小红书是不是所有品牌都可以入驻呢？众所周知，小红书的用户群体90%都是女性，品牌要想掘金小红书，产品就要与女性相关。这也意味着，并不是所有类型的品牌都适合在小红书发展。入驻不合适的平台，不仅事倍功半，甚至会直接影响品牌形象。

哪些品牌适合入驻小红书？根据目前小红书的运行策略，不难发现，美妆、服饰、母婴、摄影四大行业的品牌适合入驻小红书，可以通过小红书不断为自身赋能。

6.1.1 美妆品牌

对于美妆行业的品牌而言，小红书无疑是宣传自家品牌、扩大影响力的最佳平台，其优势有以下3点。

一、用户基数大，是天然的美妆流量池

有米有数联合中国国际美博会出品的《2021年度抖音&小红书美妆行业营销报告》显示，2021年，小红书的美妆互动量趋势整体向上。从2021年小红书笔记数量的月度走势来看，美妆笔记数达到峰值，数量高达165万+。

从这个数据来看，"美妆"这个标签似乎已与小红书牢牢捆绑。至少提到美妆种草分享平台时，绝大多数用户都会想到小红书。

为什么美妆内容在小红书这么火？

事实上，小红书从创立之初就与美妆行业结下了不解之缘。彼时，在线旅行社平台有携程，电影类社区有豆瓣，二次元社区有B站，知识问答社区有知乎……几乎每条赛道上都挤满了选手。在这种趋势下，小红书要想脱颖而出，只能另辟蹊径，以美妆分享打入市场，成功出圈。

小红书的成功得益于它最初的定位——"女性""聊天"等关键词。女性用户在一起聊得最多的话题就是护肤、美妆等。美妆话题对女性有着天然的吸引力，看到女性这一需求的小红书，以美妆为切入点，构建社区内容。

战略定下后的8年间，小红书实现了突破式的发展，美妆作为小红书的招牌，吸引了大量流量。所以对于美妆品牌而言，选择入驻小红书，就等于拥有了天然的流量池。

二、通过"真实分享"形成品牌产品的口碑传播

小红书社区内容依托用户真实的分享体验,通过运营者"种草"传播品牌口碑。美妆企业十分适合用"种草"的形式宣传品牌,比如运营者在小红书上分享口红试色,如果试色效果好,就会吸引大批消费者询问口红品牌与色号,进而下单购买。

为规范内容社区,获取用户的信任,小红书会定期开展虚假营销专项治理(如"啄木鸟"计划),针对平台内笔记虚假推广的行为进行专项打击(如封号、下架相关笔记内容)。这种坚持以"真实分享"为原则的做法,为品牌营销营造了一个良好的社区氛围。

三、KOL 投放效果明显,平台营销策略加持

相较于其他领域的 KOL,小红书上美妆领域的 KOL 在自有流量方面有一定优势,可以迅速帮助企业扩大品牌知名度。比如有些国货美妆品牌除了在小红书上自营品牌账号,还会与不少 KOL 进行合作,借助 KOL 的影响力,更加有效地推广产品。

加上小红书美妆领域擅于运用"明星效应",邀请明星入驻平台分享使用感受,品牌在增加曝光量的同时也吸引了更多新用户关注。比如某电视剧大火后,该电视剧主演入驻小红书,向用户"种草"某美妆产品,不少用户纷纷下单,成了该品牌的粉丝。

在小红书出现之前,一个美妆品牌从初出茅庐到走进千家万户,需要十年甚至更久的时间。而小红书的出现,将这一时间大幅缩短。从这一层面来看,入驻小红书的品牌,若运营方法正确,产品质量过硬,成为"美妆爆款"指日可待。

如某国货美妆品牌就靠小红书成功营销出圈。2017 年 9 月,该品牌开始运营小红书官方账号,那时该品牌发布的一篇笔记仅有几十个点赞。然而谁也没想到,这个在当时毫不起眼的美妆号,如今竟然能在满是美妆品牌的小红书里坐拥 200 多万粉丝,如图 6-1 所示。

```
数据概览

千瓜指数    粉丝总数    关注数
932.65     207.98万    40

笔记数     点赞总数    收藏总数
1,287      372.65万    225.55万
```

图 6-1 某美妆品牌在小红书的相关数据（数据来源：千瓜数据）

由此可见，对于美妆行业的品牌而言，乘着小红书美妆市场大发展的东风入局小红书，是十分明智的选择。

6.1.2 服饰品牌

服饰行业的品牌最早在淘宝上活跃，但随着淘宝电商市场的饱和，不少服饰行业的品牌将目光转移到了具有"社区＋电商"属性的小红书。小红书是美妆品牌推广的主要途径，同时也是服装搭配喜好者的"种草"圣地。服饰行业的品牌入驻小红书，主要有以下优势。

一、给用户"种草"日常穿搭，助力品牌带货

不知从何时起，小红书上就经常出现"OOTD"这个标签，在小红书上搜索"OOTD"，与之相关的笔记有几十万篇。"OOTD"究竟是什么？为什么这么火？

"OOTD"是"Outfit of the Day"的缩写，其最早流行于 Instagram，意为"每日穿搭"。当用户在小红书分享穿搭经验时，就可以使用"OOTD"这个标签。"OOTD"如今已成为穿搭运营者最爱用的标签之一，运营者会根据不同场景或季节搭配衣服，其笔记内容更是细化到具体风格。通过小红书翻看穿搭运营者的"OOTD"已成为很多年轻人每日的乐趣所在。

著名时尚大师缪西娅·普拉达说过："你的穿着是你向世界展示自己的方式，特别是在当下，人与人之间的接触那么短暂，而时尚却是瞬

间实现的沟通。"穿搭是一种对外不断表达自我的方式，人们对待生活的态度，会隐藏在穿搭里，也正因如此，穿搭类的图文笔记、视频笔记才会如此受大众欢迎。

小红书的参与，让"OOTD"正在成为当前国内市场的潮流趋势。可以说，小红书搭建起了众多服饰品牌与年轻人沟通的桥梁，帮助品牌产生巨大的商业价值。

比如服装品牌李宁入驻小红书后，通过线上运营者穿搭分享种草、线下门店试穿体验的方式进行营销，不仅满足了用户的体验感，同时还吸引了越来越多的用户在小红书上分享自己的穿搭，扩大了品牌效应，产品销量快速增长。

二、小红书"社区+电商"属性，助力品牌变现

电商作为服装企业的营销手段之一，由于其经济性与便捷性，越来越受到服装行业品牌的重视。从淘宝网店到微商再到小红书店铺，服饰行业相较于其他行业，有着更为悠久的电商经营历史。

但服饰行业的变化太快，服装企业需要实时了解市场行情，预见客户需求变化，迅速对客户要求做出反应，为客户提供定制化的产品。在这种趋势下，传统的电商平台显然不能满足需求。小红书的出现，恰好帮服装企业解决了这一困惑。

小红书兼备社区和电商属性，两大属性相辅相成。社区属性负责增强用户购买意愿、提升用户黏性；电商属性负责帮助企业实现最终变现。"社区+电商"的模式能帮助品牌在小红书上实现可持续发展的良性循环。

虽然淘宝、京东等电商平台也纷纷开启社区，但与小红书相比，这些平台社区的开设也仅仅是电商的一种补充，还不足以提升用户忠诚度。所以对服饰行业的品牌而言，入驻小红书，与消费者同频共振，更容易变现。

举例来说，原本主攻淘宝、京东等电商平台的某国货品牌，于2022年3月正式入驻小红书，致力于打入年轻人的新阵地，打造全新多元的线上体验。入驻小红书后，该品牌在众多竞争者中脱颖而出，成为小红书用户喜爱的潮流服饰品牌之一。该品牌在小红书的相关数据如图 6-2 所示。

数据概览

千瓜指数	粉丝总数	关注数
807.80	4,890	4
笔记数	点赞总数	收藏总数
19	2.25万	1,229

图 6-2 某服饰品牌在小红书的相关数据（数据来源：千瓜数据）

在不到一个月的时间里，该品牌在小红书仅发布了 19 篇笔记，粉丝增量近 5000 人，点赞总数高达 2.25 万。可见，小红书对服饰品牌而言是不容错过的流量池。

6.1.3 母婴品牌

《2021 年 IPSOS×小红书母婴行业及人群洞察研究报告》（以下简称《报告》）显示，随着国民人口数量下降，国家"三胎开放"政策的出台，母婴行业再次成为国民关注的焦点。母婴线上市场规模超过 1 万亿元，已占整体规模的 1/3。《报告》中还显示，母婴用户对内容平台产生了更高的忠诚度，其信息的主要来源为社交内容类平台，小红书在同类社交内容类平台中排名第一。

从这一数据来看，母婴行业在小红书上有很大的营销价值。为什么小红书能吸引这么多的母婴用户？归纳起来，主要原因有以下 3 点。

一、覆盖母婴生活全场景，能助力品牌攻占用户生活场景

母婴生活全场景主要分为备孕、孕期、哺乳期和育儿期这 4 个阶段，无论是哪一阶段，小红书上都有丰富、完整的内容吸引用户浏览。

以备孕期为例，在小红书上搜索"备孕"等关键词，用户就可以获取备孕知识干货、孕前检查攻略、备孕饮食等相关笔记。因此只要是与母婴相关的品牌，都能在小红书上找到相对应的用户群体，并对用户进行精准营销。

二、搜索结果真实、客观，能助力品牌获得母婴用户的信任

相较于其他类型的用户，母婴用户对产品品质的要求更高，她们会关注产品的真实评价。而以"真实分享"为特色的小红书，其笔记内容能更加客观、真实地展现产品的好与坏，有效帮助用户进行消费决策。所以如果一款母婴产品在小红书上好评不断，用户大概率会相信这些好评，进而对这款产品更加青睐。

除商家营销与博主分享外，小红书上还有不少专家或医生分享专业、权威的信息。对于品牌而言，如果能找到这类专业人士为产品背书，将会大大提升用户对品牌的信任度。对于那些产品优质、知名度不高的品牌而言，入驻小红书是突出重围、进入用户视野的最佳途径。

三、互动性强，便于分享与交流

新时代的母婴人群，是85后、90后甚至95后的年轻一代，她们乐于分享，热爱交流，希望能在网络平台找到情感满足的供应点。以社区属性为主的小红书，自然成了母婴人群进行情感交流的不二之选。

通过浏览小红书，用户可以看到他人分享的孕期生活，解决自身困惑；也可以通过分享经验，获得情感上的满足。这种强烈的分享与交流需求，能助力品牌扩大影响力。

正如前小红书品牌营销负责人叶珊杉所说，小红书对于新手妈妈来说，既是百科全书，陪用户走过从女儿变成母亲的每一步；同时也是心灵辅导班，给那些有着育儿困惑的妈妈以心理慰藉，让她们成长为更强大的母亲。从这些角度来看，小红书毫无疑问是母婴品牌做营销推广的最佳阵地。

例如，根据千瓜数据，截至2022年3月23日，某位列母婴行业榜单第三名的品牌，在小红书上的相关数据如图6-3所示。

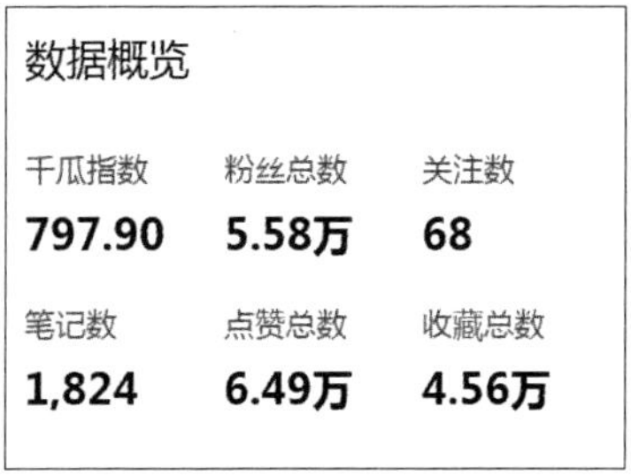

```
数据概览

千瓜指数      粉丝总数     关注数
797.90       5.58万      68

笔记数        点赞总数     收藏总数
1,824        6.49万      4.56万
```

图 6-3 某母婴品牌在小红书上的相关数据（数据来源：千瓜数据）

该品牌入驻小红书后，以良好的产品质量深受小红书上的妈妈们的喜爱。

相较于还未入驻小红书的母婴品牌，该品牌在年轻人群体的知名度迅速扩大，产品销量也节节攀升。由此可见，选择入驻小红书，是母婴品牌实现突围的有效措施。

6.1.4 摄影品牌

如果要给各大平台的摄影技术排名，小红书一定排第一。

在这个"颜值即正义"的平台，摄影行业的品牌十分"吃香"。摄影行业为什么在小红书这么火？摄影行业的品牌入驻小红书有何优势？

一、用户需求大，市场前景好

大部分女性用户，都希望能通过写真留住青春、定格瞬间的美丽。从这一角度来看，"爱美"这一天然属性激发了女性用户对摄影行业的需求。

摄影行业的品牌以婚纱摄影为主。而小红书上对婚纱摄影有需求的群体庞大，多数为85后有结婚意向的人士，女性用户居多。这类用户具有高互动、高质量、高消费力等特点，一般为家庭消费决策者。

在小红书上，她们对婚纱、婚纱照、摄影师有着特别的关注，喜欢的摄影风格比较多样，如森系、复古旅拍等，这为不同风格的婚摄品牌创造了市场。

除此之外，单人、闺密、父母等区别于传统婚纱照的写真在小红书上也有很大的市场。比如"FORME 封面视觉摄影"品牌在小红书上发布的一篇名为《封面闺密写真》的笔记，仅五张照片就吸引了 1.9 万点赞。

二、宣传成本低，摄影图片更容易吸引粉丝

在互联网社交平台还未兴起之时，大部分摄影品牌都是靠户外广告、宣传单等形式来宣传自家门店。这类宣传成本大、内容少，很难让摄影品牌在短时间内火出圈。

但入驻小红书后，摄影行业的品牌不用像其他行业的品牌那样，额外拍照分享产品。摄影行业的品牌只需要将拍摄的优质客片放在平台上，铺量发布笔记，就能从一众图片中脱颖而出，吸引粉丝询价。在这个过程中，企业几乎是零成本运营。

随着摄影行业的发展，该行业的品牌获客成本越来越高。不少摄影门店从街道搬进写字楼，在百度、美团上抢流量关键词，导致宣传成本水涨船高。小红书的出现缓解了这一难题，在小红书上，品牌可以通过源源不断地输出优质内容，让用户了解品牌，进而产生交易行为。

例如，某摄影品牌和其创始人入驻小红书后，通过在小红书上的营销，让品牌概念深入人心，强势占据消费者心智，该品牌在小红书上的数据如图 6-4 所示。

数据概览		
千瓜指数	粉丝总数	关注数
845.64	26.90万	483
笔记数	点赞总数	收藏总数
2,736	209.19万	73.94万

图 6-4 某摄影品牌在小红书上的相关数据（数据来源：千瓜数据）

该品牌通过在小红书上的营销，重新定义了用户心中的"旅拍"一词。

只要一提到"旅拍",不少用户都会联想到该摄影品牌。从名不见经传到众人皆知,小红书功不可没。

适合入驻小红书的行业远不止以上四类,还有美食、洗护、旅游等,限于篇幅,不再逐一分析入驻优势。事实上无论哪种行业,入驻小红书的优势无外乎两点——变现的平台属性及庞大的用户群体,这成为品牌掘金小红书的重要因素。

6.2 品牌如何在小红书"种草"营销

当所有行业都或多或少地受到新冠肺炎疫情冲击之时,某品牌在小红书上以"1个单品1天1000万"的销量脱颖而出。它是如何避免危机冲击,获得这么好的销量呢?答案就是"种草"营销。

在小红书上,超过8万的品牌通过内容和互动"种草"产品,占据用户心智。"亲测有效""买买买""全年最低价"等极具穿透力的"种草"话术,已然成为品牌营销的经典语录,如某美妆品牌凭借一款单品唇釉,创下了一天1000万的销售额纪录,堪比双十一大促。

一边是危机的冰火两重天,一边是小红书"种草"卖货两不误。对于品牌而言,只有把"草"种好了,才能吸引"马儿"主动吃草。在这个过程中,关键就在于品牌是否具备"种草"营销的能力。

6.2.1 "种草"营销的三大原则

"种草"营销是持久战,抓取短期流量要猛,承接长期流量要稳。品牌要想抓住这波红利,须坚持以下3大原则。

一、打好产品基本功

在数字化的传播环境中,产品是媒介,也是品牌口碑。小红书主要以消费力很强的90后年轻群体为主,他们对产品质量要求更高,消费需求也多样化。因此品牌要想在小红书上打造爆款，首先得推出好产品。

何为好产品？一定是具备以下4点特质的产品：颜值高、小众独特且有个性；自带卖点、爆点；性价比高；有记忆点的昵称。

以某护肤品牌的泡泡面膜为例，之所以能在小红书上成为爆款产品，是因为该品牌采取了以下策略。

第一，泡泡面膜是一款贴在脸上会自动起泡泡的清洁面膜，该产品打破了用户对面膜的印象，产品小众独特且具有个性，给用户提供了新奇有趣的使用体验。

第二，泡泡面膜最大的卖点和爆点，就是"脸越脏泡泡越多"。这种说法展现了产品的功效性，同时也给用户制造了敷面膜的契机——清洗面部脏东西，激起了用户的购买欲望。

第三，该款泡泡面膜价格适中，消费受众范围较广。无论是学生还是白领，都不会存在消费压力。拥有令人心动的价格，也是该款产品在短期内成为爆款的重要原因。

第四，该款产品的昵称"泡泡面膜"简单形象，有记忆点，能让这款面膜越过品牌直接打开知名度，为圈层传播提供记忆重点。

产品是品牌最好的广告，无论品牌知名度多大，质量欠佳的产品在以"真实分享"为主的小红书上早晚会原形毕露。因此，打好产品基本功是品牌实现"种草"营销最关键的一步。

二、以内容为核心

著名营销专家尤金·舒瓦兹曾说：营销无法创造购买商品的欲望，只能唤起原本就存在于百万人心中的希望、梦想、恐惧或渴望，然后将这些"原本就存在的渴望"导向特定商品。

这句话意味着，品牌要做的不是创造欲望，而是找出用户欲望并将欲望引导到商家的产品。而实现这一过程的关键，就是在内容上下功夫，在小红书上，就是以笔记内容为核心，开展"种草"营销。那么如何在笔记内容上"种草"呢？品牌可以参考以下做法。

首先，品牌要善于在笔记内容上突出痛点，将用户利益与产品利益连接起来。以某护肤品牌为例，其在小红书上投放的文章标题有《熬夜无惧黑眼圈的神仙眼霜，我和它锁了》《皱纹这一抗老困局，听皮肤专家怎么说》等。

从这些标题中可以看出，该品牌产品指出的痛点有黑眼圈、皱纹（具体问题）；熬夜、抗老（具体场景）；眼部、皮肤（突出重点部位）。正是因为笔记内容抓住了用户的关注点，该品牌的产品转化率才更高。

因此当品牌在输出内容时，要考虑呈现出来的内容是否与用户真正的痛点相结合，是否与用户的某个需求相匹配。

其次，品牌要将产品卖点融入各种场景，让笔记内容更接地气。相比纯粹的广告"种草"，用户在信息爆炸时代更愿意看到广告之外更有趣、有料的内容。比如，某彩妆品牌就十分擅长内容的场景营销，其常用的话术如下。

整个配色属于大地色系，金色的珠光也很出众，对于新手或学生党来说都是不错的选择，上学、上班都很合适。

上班这款散粉完全够用，去海底捞吃完火锅后脸上的妆容也都比较完整，这个散粉连火锅都扛住了！

该彩妆品牌这种将产品卖点融入"上学""上班"等场景的话术，很容易戳中用户痛点，从而引导消费者购买产品。

但无论是以上哪种策略，都需要基于"真实"二字，只有内容真实，用户才会购买。

三、注重圈层传播

物以类聚，人以群分，对于品牌而言，在小红书上开拓用户圈层是"种草"营销的唯一选择。这是因为信息在同圈层的传播速度会更快，能促进"受众—受众"的自传播。

以某彩妆品牌为例，入驻小红书时便把目光聚焦到了女性用户圈层，因此在小红书上推广产品时，多以女性彩妆为主，从口红到眼影再到散粉，都主攻女性圈层。

也正因为对圈层传播的重视，每当该品牌推出新品时，便会一传十、十传百，迅速在圈层内传播开来，事半功倍地扩大了"种草"的营销范围。

6.2.2 "种草"营销的三大方式

品牌在小红书做"种草"营销，目的有 3 个：扩大品牌知名度、沉淀品牌口碑、引流，归根结底都是为了增加品牌的曝光量。在"种草"营销的过程中，品牌可以打造小红书营销矩阵，通过如下方法助力品牌曝光。

一、运营企业账号

品牌在企业账号上撰写笔记内容，其核心目的是展示官方形象，如某家居品牌在小红书上注册的企业号，以品牌 LOGO 为头像，昵称采用"品牌＋家居"的形式，宣传语也展示了该品牌的理念："为大众创造更加美好的日常生活。"

在展示品牌形象的同时，为了不让官方号过于"沉闷"，吸引到更多粉丝，该品牌的笔记内容很接地气，并通过与有知名度的明星合作，为品牌引流。该家居品牌企业号在小红书的相关数据如图 6-5 所示。

数据概览		
千瓜指数	粉丝总数	关注数
818.67	15.07万	3
笔记数	点赞总数	收藏总数
499	8.82万	5.50万

图 6-5 该家居品牌企业号在小红书的相关数据（数据来源：千瓜数据）

从粉丝总数上来看，该品牌通过企业号得到了有效的曝光；从点赞总数和收藏总数来看，企业号在一定程度上为该品牌积累了口碑。

二、运营个人账号

个人账号看似与品牌毫无关系,事实上却是辅助品牌曝光的利器。运营个人账号是指品牌从个人的角度来撰写笔记内容,主要目的是打造人设。

与企业账号不同,个人账号的文字表达要更具个性,更加接地气,同时也不能影响品牌的整体形象。这类个人账号可以大量复制,笔记末尾可以时不时出现品牌产品。

以某国货彩妆品牌为例,在小红书上搜索品牌名称,可以搜索到很多与该品牌相关联的个人号,如"××的小彩虹""××试色基地""××笑工厂"(××为品牌名)。

在这类账号里,运营者可以选择出镜,也可以选择不出镜。出镜更具有说服力,不出镜更方便品牌运营账号,品牌可以根据实际情况选择内容呈现方式。

三、运营引流号

引流号相当于品牌的销售专号,主要目的是助力品牌变现。这类账号可以通过晒单、分享来吸引用户询问品牌名称,如图6-6所示。

图6-6 品牌引流

除此之外，这类账号还可以有针对性地在其他品牌的企业账号或者其他运营者的评论区引流。例如，某服装品牌的引流号曾在其他同类型品牌的企业号下发表评论，在夸赞别人产品的同时，也不忘"种草"自家产品，从而引导用户主动搜索品牌号添加联系方式，做到精准引流。

在评论区引流时，引流账号要注意评论要有策略，要吸引眼球，不能为了评论而评论。同时引流账号的评论要越快越好，这样才能占据最佳位置，提升品牌曝光效果。

6.2.3 "种草"营销的三大技巧

对品牌而言，在小红书上的"种草"营销技巧有三种，第一种是以企业号为主，参与平台计划，打入年轻人阵地；第二种是与其他品牌跨界合作，产生"1+1＞2"的效果；第三种是与不同圈层的KOL联动，有针对性地进行"种草"。

一、以企业号为主，参与平台计划

2022年3月11日，某国货品牌正式入驻小红书，开始运营企业号，并加入小红书举办的"安福路在线"活动。同年3月12日～3月14日开设限时线上快闪店，展示品牌旗下多款独家潮流新品。

在快闪店里，该品牌展示了多款限定款鞋子、独家服饰及潮流配饰，满足潮流爱好者的多场景穿搭需求。与此同时，该品牌还推出了惊喜福利，即活动期间，购买任意一件产品，即可获得限量主题项链。同时，该品牌的三位设计师还入驻小红书，与年轻用户交流产品设计理念，开展"种草"营销。

二、与其他品牌跨界合作

企业号营销是品牌在小红书上"种草"营销最直接的一种方式，但在运营自家账号的过程中，不少品牌也意识到了强强联合的重要性，即通过与新消费品牌或知名IP联动，打造出更受年轻人喜爱的产品，可以获得"1+1＞2"的"种草"效果。

例如，某传统服饰品牌，为打破传统形象，与其他新潮品牌合作，在小红书上摇身变成了国潮品牌；该国货品牌还曾联合国外某著名动画品牌，推出联名系列产品（鞋、包、毛衣），不少用户纷纷晒单，分享穿搭感受，吸引了不少其他用户购买。

"在网上看了好久好久，被××与××联名的这款鞋吸引了，实物到手也很好看，很百搭，上脚也不错，最近活动力度很大，买到就是赚到！"

诸如此类的笔记内容在小红书上迅速发酵，引发用户热烈讨论："真的很好看，底子很软""蹲一个链接""可恶，怎么现在才刷到"……联名单品爆火后，让不少用户产生了一种"原来国货品牌也可以这么潮"的感受，进而"种草"该品牌的其他产品。

三、达人齐上阵，刷屏级传播

不少品牌入驻小红书后，往往会遇到这样一种困境：自家企业号发布的笔记没有其他账号宣传品牌的内容火。为什么会出现这样的现象？这是因为在小红书上，一个人显然抵不过一群人的力量。在"红人新经济"时代，达人已成为小红书品牌营销的重要一环。

比如某护肤品牌在小红书上筛选出了精准的流量达人，通过产品"种草"、使用测评、教程攻略、开箱晒物等方式，开展全方位营销。

在产品"种草"方面，该品牌邀请了几位达人，笔记围绕品牌活动，凸显品牌的文化魅力，树立高端护肤品牌形象，进而吸引更多潜在用户。

在使用测评、教程攻略方面，该品牌要求达人的笔记内容围绕产品的效果来写。有的达人从产品套装的使用顺序切入，通过教程攻略宣传系列产品，并由此引出产品成分与功效；有些达人则从具体场景切入，通过亲自测评来证明该产品是出门必备的护肤品，点出该品牌的产品优势。

在开箱晒物方面，品牌要求达人的笔记内容侧重于介绍该品牌的重点新品，以真实分享且非专业的角度来做推荐，从而强调产品的护肤价值，吸引潜在用户。

通过多个达人集中在某段时期的多频次笔记曝光，形成声势浩大的现象级刷屏，可以刷新用户对品牌的认知，推动更多相关领域博主持续产出更多笔记，从而激发目标用户的购买欲望。

6.3 品牌如何利用达人进行投放

找到优质达人进行投放是企业提升品牌营销效果的关键点之一。在实际投放过程中，不少企业面临以下问题：

达人笔记内容质量不稳定；

达人筛选周期过长；

达人数据造假；

达人投放效果无法估量；

……

诸如此类的难题，让不少企业在品牌营销过程中既耗费了大量成本，也无法达到预期的营销效果。要想改变这一局面，利用达人扩大品牌知名度，企业需要优化达人筛选方式，找到合适的投放方法。

6.3.1 优化达人筛选方式

如何快速找到合适的达人进行广告投放？企业可以采取以下 3 种策略优化达人筛选方式。

一、找带货能力强的达人

如何找到带货能力强的达人？品牌可以从以下 3 大维度拆解达人数据：达人的商业价值、达人的基础数据、达人的种草质量。

首先是商业价值，企业要做效益最大化的投放，在选择达人时，首先就要考虑达人与品牌的调性契合度、粉丝契合度。产品适合达人及其粉丝群体，会更容易进行"种草"。

如平价彩妆品牌须找到以平价好物分享为主的达人,而不是找以分享高端品牌为主的明星背书。相比之下,前者与品牌更相符,更容易被用户认可。企业需要关注达人的粉丝画像与品牌的目标用户的相似度(如粉丝性别、关注焦点、地域分布、年龄分布等),相似度越高,品牌营销效果越好。

历史推广品牌也是企业衡量达人商业价值的重要标准之一。如果达人曾推广过同样调性的品牌产品,企业可以通过其品牌投放效果(如复投率)来判断达人是否具备推广能力。

其次是基础数据,假设美妆企业有意向找某个美妆达人合作,要判断该达人是否为合作对象,首先要看该达人的粉丝平均数、点赞中位数、粉丝活跃度、"水军"[1]占比、更新频率及数据真实率。

这些数据可以反映达人的真实流量基础,帮助品牌筛选出更为优质的达人,确保营销的有效性,助力品牌扩大影响力,提升产品销量。国双 AD Dissector(广告监测分析优化系统)数据显示,2021 年社交平台 KOL 无效粉丝数高达 56.9%,这意味着数据造假的现象仍然普遍存在。

因此企业要想"拨开迷雾",对达人的数据进行正确判断,需要学会识别哪些是造假的数据,如图 6-7 所示。

数据造假的笔记,其点赞数据短时间内快速上涨,随后会大幅回落,数据差异明显。正常的笔记数据发展趋势,是在出现峰值后缓慢下降。

最后是"种草"质量,一位优质达人不仅需要具备良好的数据基础,还需要具备良好的"种草"能力。判断一位达人"种草"能力的指标有 3 个:爆文率、评论区舆情及长尾流量。

爆文频出、爆文率高是博主"种草"能力强的重要特征。笔记发布后 12 小时内点赞数达 1000 以上,或累计点赞达 5000 以上的,可以将其定义为爆文。假设某品牌需要在小红书上找腰部达人进行投放,那么可

---

[1] 水军:受雇于网络公关公司,为他人发帖回帖造势的网络人员,以注水发帖来获取报酬。

以根据"粉丝数为10万~50万、在90天内爆文在20篇以上"的条件，寻找"种草"质量良好的达人。需要注意的是，在考察达人爆文率时，需要拉长考察周期（如90天或180天），避免因考察不全而错过优质达人。

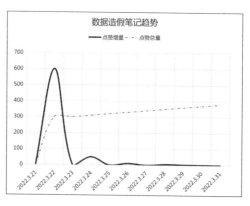

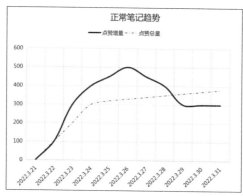

图 6-7 两种不同的笔记数据增长趋势

企业在筛选达人时，要关注达人评论区的留言是否为正向信息，如果有大量负面评价，不建议与其合作。同时企业还要关注用户的关注点是否为产品本身，如果用户关注点只是达人是否好看，那么对于企业而言就属于无效曝光。如果评论正向且用户关注产品，就说明这位达人的笔记具备深度"种草"的能力。

小红书长达90天甚至1年的长尾流量是判断达人"种草"能力的重

要指标之一。如果一名达人的笔记互动量数据在这一段时间内整体处于上升趋势,则说明该达人"种草"能力较强。

内容输出质量是衡量达人带货能力的重要指标,在考察达人的内容输出质量时,企业须关注笔记的封面、标题、正文这3个要点。如果达人发布的笔记封面吸睛,标题能直击用户痛点,正文内容能解决用户需求或提供情绪价值,那么说明该达人的"种草力"较强。

二、找有"种草力"的素人

品牌在小红书上进行笔记铺量时,可以选择有"种草力"的素人进行批量投放。具备"种草力"的素人有以下3大特质。

第一是创作能力强,互联网平台的内容更新迭代十分迅速,要想在小红书的流量池中分一杯羹,吸引用户关注,素人必须要有超强的内容创作能力,为品牌提供源源不断的输出。

第二是人设真实,人设真实的笔记,更容易被小红书系统收录。企业可以通过查看素人的历史笔记,分析素人的人设情况。比如是否真人出镜、是否有拍摄视频、是不是一个真实的素人(不是 MCN 机构聘用且以商业化为目的的素人)。

第三是流量稳定,不少素人号的笔记流量如"过山车"一般忽上忽下,并且笔记频繁被删除或被系统隐藏(未被小红书收录),面对这种情况,品牌要慎重选择。

三、找性价比高的达人/素人

品牌都希望投放"种草力"强、性价比更高的达人/素人,那么如何在众多达人/素人中找到性价比最高的那一个?企业不妨通过公式来判断:

CPE(单个互动成本)= 达人/素人笔记报价 ÷ 笔记平均互动量

达人/素人的 CPE 越低,说明互动效果越好,即达人/素人的性价比越高,反之则越低。企业通过计算和比较 CPE,可以快速选择适合投放的达人/素人。

达人/素人的 CPE 数据可以帮助企业预估投放效果，再加上企业对达人/素人整体"种草"能力的衡量，可以使品牌对整体投放有个全局的把控。

6.3.2　三种主流达人投放模型

内容决定"种草"效果，目的决定投放模型。小红书的品牌"种草"营销由一个个达人矩阵组成，在实践过程中，会演变出金字塔型、橄榄型、五角星型三种主流达人投放模型。

一、金字塔型

金字塔型的投放模型，是符合传播扩散原理的达人投放模型。在该模型中，企业可以通过明星、知名 KOL、头部达人社交造势、带动话题，通过腰部达人专业评测"种草"，通过初级达人、素人垂直扩散，让路人跟风效仿，形成完整的"自上而下"的传播链路，如图 6-8 所示。

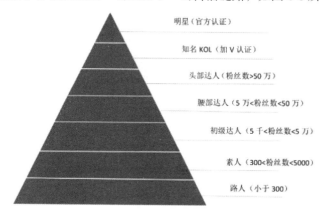

图 6-8　金字塔投放模型

金字塔投放模型是小红书上最经典、最有效的投放策略，其主要适合成长期品牌采用。品牌可以通过多层级的金字塔投放，高效分层引流，并在小红书长尾流量的基础上，阶梯式地推动品效转化。

举个例子，某护肤品牌在小红书上的投放模型接近标准金字塔投放模型，形成了完整的传播链路，将品牌产品成功营销成爆品，提升了品牌知名度。

在与明星、知名 KOL、头部达人合作的笔记中，大部分笔记标题直接点明该品牌、产品或是功效，少部分笔记重点突出会员福利，通过社交造势，快速引爆话题；通过派发福利，玩转粉丝经济。部分合作笔记标题如下。

《交作业啦！一年四季都白白嫩嫩的防晒秘密！》

《有效拯救熬夜肌，素颜自信全靠它们！》

《宠粉福利，准备了一些小惊喜给你！》

除直击产品功效外，头部达人也十分擅长通过吃饭、拍照、约会等多个场景营销，通过场景描述自然引出用户需求，推出产品，如"30岁的我，3招让我在同龄人的约会中更年轻！"

与明星、知名 KOL、头部达人不同，腰部达人通常会向专业化的方向发展，即通过教程、测评，强力"种草"，反复传播，维持品牌热度，如《抗糖刻不容缓，××抗糖眼霜真实测评》《30个好习惯远离烂脸！低成本养成稳定肌》等。

初级达人、素人最适合分享真实体验，通过晒单营造"人人都在使用"的氛围，从而形成社交裂变，沉淀品牌口碑。

事实上，不同层次达人的"种草"形式并非固定，无论是哪类层级的达人，品牌都要有意识地进行内容方向部署，有效发挥不同层级达人的投放传播优势。

二、橄榄型

相较于金字塔型投放模型，橄榄型的投放模型更适合在小红书上具备一定品牌认知度（成熟期）的品牌。在垂直"种草"和场景化"种草"的基础上，企业找到与品牌调性相符的达人，重点投放具有高性价比的腰部、初级达人，通过达人人设传递品牌内涵、价值，全方位展示品牌调性，提升用户对产品的信任度。橄榄型投放模型如图6-9所示。

图 6-9 橄榄型投放模型

在橄榄型投放模型中，腰部达人的优势更加明显，他们互动率较高，善于展示人设优势，帮助企业塑造品牌形象。如某护肤品牌曾在小红书上采用以腰部达人为主的橄榄型投放模型（腰部达人某时段内的投放占比为82%），收获了大量粉丝，提升了品效转化率。

三、五角星型

五角星型的投放模型适用于起步期的品牌或中小品牌，其主要以投放目标为导向，不拘泥于达人层级，以垂直内容为主，精准触达用户。五角星型投放模型如图 6-10 所示。

图 6-10 五角星型投放模型

金字塔型投放模型符合传播学原理，橄榄型投放模型符合平台特性，五角星型投放模型符合目标导向。品牌可以参考以上任意一种模型，在不同阶段通过不同内容策略和投放矩阵搭配，充分发挥小红书平台和达人消费决策领袖的作用，提升品牌知名度与产品销量。

6.4 品牌的两大变现方法

对于大部分品牌而言，在小红书上进行品牌营销的最终目的都是变现。就小红书目前的发展情况来看，适合品牌的变现方式主要有两种，分别是直播变现和社群变现。

6.4.1 直播变现

小红书于 2019 年 11 月宣布入局直播电商，内测数月后，小红书直播于次年 4 月正式开始公测，公测范围为平台内全部创作者。这一举动也体现了小红书深入电商领域的决心。

直播功能开启后，品牌能直接面向用户进行互动直播，在清晰人设、粉丝黏性的基础上，做深度"种草"与交易转化。小红书的直播种草逻辑如图 6-11 所示。

在小红书上，品牌只需要按照步骤完成实名认证，就可以进行直播，其操作十分简单。

一、直播变现步骤

以某国货美妆品牌为例，该品牌曾在企业号上直播进行新品（某眼影盘）首发推广，1 万盒新品上线直播间后在 5 分钟内被抢购一空，当日直播总销售额突破 200 万元。事实上，为了做好小红书直播变现，该品牌做了如下工作。

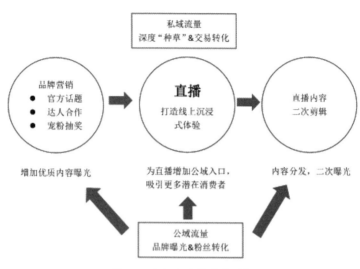

图 6-11 小红书直播种草逻辑

第一步,该品牌前期在小红书社区与众多博主合作,开展内容"种草"。

第二步,在正式开播前,该品牌企业号发布了预告笔记进行预热,加上抽奖活动,用户互动点赞量高达 15 万+,成功为企业号引流。

第三步,在新品首发促销活动中,第二件 1 元的超高优惠力度加持。

第四步,博主在直播间做试妆分享与抽奖互动,引导用户下单。

第五步,用户购买产品后,主动在小红书社区晒单,在站内形成内容传播矩阵。

二、直播变现的合作玩法

对于品牌而言,除了采用"直播+笔记"联动、电商直播等自主带货方法,还可以通过优质创作者直播合作、企业号直播与创作者达人直播相结合的合作方式,来实现直播变现。

首先是与优质达人直播合作。品牌需要围绕推广需求,策划品牌话题页活动,同时邀请多位达人共同进行互动直播,为推广造势。在这一过程中,品牌需要根据推广策略,挑选优质垂直领域达人,精准定位粉丝群，直接触达目标受众，合作流程如图 6-12 所示。

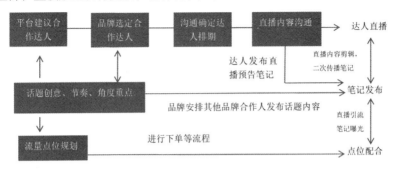

图 6-12 品牌与达人合作流程

其次是企业号直播与创作者达人直播相结合。品牌代理人可使用企业号与小红书达人开启互动连线直播，打通线上与线下、用户与品牌之间的壁垒。

三、直播变现技巧

品牌在开启直播前，可以配合小红书流量点位，为优质直播引流，引流方式有以下 3 种。

第一种是通过笔记内容预告直播，引导用户关注账号与直播，如图 6-13 所示。

图 6-13 品牌直播预告

第二种是通过预告笔记、H5 等形式，引导用户预约，进入直播。

第三种是通过热搜词，引导用户进入 H5 或品牌话题页。

除此之外，品牌在直播过程中，还可以利用直播间抽奖、直播间红包等功能，提升直播间人气，增强粉丝黏性，引导用户下单。

6.4.2 社群变现

在小红书上，品牌除了直播卖货，还可以走社群变现的路线。得社群者得天下，越来越多的品牌尝到了社群甜头。比如某国货美妆品牌，在小红书的流量基础上，凭借出色的社群营销年赚 10 亿元。该品牌在小红书上实现社群变现主要采用了以下方法。

一、KOL 引流

与其他品牌营销不同的是，该品牌并非将粉丝引流到电商平台，而是通过小红书 KOL 直接引流到企业微信和企业微信社群。这样的运营体系加速了该品牌社交的裂变以及流量的引爆。

从 2017 年年底开始，该品牌就布局小红书，通过 KOL 的大量试色、赠送抽奖等活动，让粉丝参与到品牌产品的推广中。不少使用过该品牌产品的用户会在小红书社区及其他互联网平台晒单，扩大了该品牌的知名度。在小红书上搜索该品牌关键词，相关笔记数量已超过 8 万，如此庞大的数据推广中，用户很难不关注。

二、微信私域流量运营

在拥有了小红书流量后，该品牌又是如何将小红书的粉丝引流到微信上转化成自己的私域流量呢？主要有两大方法。

第一，小红书 KOL 事先与品牌沟通好话术，将个人微信号发送给粉丝（该品牌拥有大量个人号，可以构建微信好友流量池）。小红书 KOL 可以在笔记末尾引导用户私信，如"参与官方抽奖中奖的小仙女们，可以私信我领取奖品""如果想了解更详细的情况，仙女们可以私信我"等。

通过私聊引导粉丝加入微信群，既能降低被封号的风险，又能利用高质量内容不断吸引用户关注。用户在添加品牌方微信后，品牌方的微信个人号会私聊用户，用自动化回复提高运营效率。

第二，品牌通过打造微信朋友圈人设，有效影响用户消费决策。比如通过产品长图、视频、试用实拍图等形式，丰富人设，分享日常和生活，发布对应的产品链接，引导用户复购。

从该品牌的社群运营模式可以发现，将小红书的粉丝引流到微信，搭建自己的私域流量，是一种性价比极高的营销方式。在这个过程中，"加好友"仅仅是构建私域流量的第一步，品牌还需要通过微信、微信朋友圈等形式不断发布内容，让用户持续关注，最终引导用户下单，实现社群变现。

6.5 四类品牌在小红书的榜样玩法

小红书日益强大的流量池效应和"种草"营销玩法，吸引着各领域的品牌入局。品牌入驻小红书，实现弯道超车、做出一番成绩的不在少数。这些品牌在运营小红书的过程中，利用不同方法，以令人咋舌的速度迅速抢占消费市场。借鉴这些品牌在小红书的榜样玩法，可以让更多品牌在小红书上抓住机遇、实现销量快速增长。

6.5.1 美妆品牌："PKCKS"玩法

某国货美妆品牌成立时间不过6个年头，产品销量却力压国货同行，某些单品销量甚至赶超国际大牌。截至2022年3月24日，该品牌在美妆行业品牌号里排名第二，如图6-14所示。该品牌能获得这样的战绩，与其在小红书上的犀利打法有着莫大关系。

该品牌于2018年开始将小红书作为重点营销渠道，为打响品牌知名度，该品牌加大小红书广告投放力度，规范投放节奏，仅用8个月时间，产品销量增长近 50 倍。那么其他品牌如何复刻该品牌在小红书上的玩法呢？其关键在于掌握以达人"种草"为核心的"PKCKS"方法。

图 6-14 该品牌在小红书品牌号中的排名

一、P：产品（Product）策略

产品特性是引爆小红书的底层因素，那么具有什么特征的产品更容易在小红书上成为爆款呢？从需求、品牌特质、价格、供应链和品质来看，刚需、高颜值、100 元以内且评分较高的产品更容易在小红书上爆火，如图 6-15 所示。

深谙这一道理的该品牌在小红书主打"刚需 + 高颜值 + 平价 + 高评分"的美妆产品，并以"美妆好物"来展现这些产品，通过"第二件 0 元"等活动刺激消费者购买。

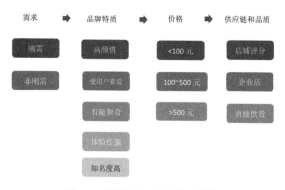

图 6-15 引爆小红书的产品特性

二、K：关键词（Keyword）策略

搜索关键词是小红书用户的消费特征，用户常通过搜索关键词了解产品，进而被品牌"种草"。从这一角度来看，关键词有十分重要的功能。该品牌在发布笔记时通常会使用与产品高度匹配的关键词，如"测评""口红"等。

什么样的关键词具备高"种草力"？即满足用户需求、解决实际问题的关键词。该品牌深谙这一道理，在2021年一年里，该品牌企业账号的笔记内容关键词共有13种类型，涵盖颜色、妆容、设计、功效、成分等，覆盖了彩妆产品的方方面面。该品牌视频笔记的关键词，主要以品牌名称、品类词（散粉、唇釉）、单品词（羽缎粉饼）为主，有针对性地触达核心消费群体。

以该品牌的某视频笔记为例，在视频中，博主以课堂冷知识分享的形式向用户展示了产品的包装、使用体验及产品的主要成分。其中有一款产品为唇釉，设计师在设计这款产品时，为了让唇釉不沾管，前后调整了50多版管口样式。

于是博主将这篇笔记的关键词设为"唇釉不沾管"，并且将与之相关的评论内容置顶为关键词，获得了较为可观的播放量和点赞数。可见"唇釉不沾管"这一关键词确实击中了大部分用户的痛点。

三、C：内容（Content）策略

该品牌在进行内容营销时，会先将目标用户分层级，即根据消费特征将目标用户分为"学生党""羊毛党""颜值党""成分党""尝鲜党"等类别，然后再分别进行"种草"营销。

例如，在营销眼影产品时，该品牌会针对"学生党"这类群体，投放相关笔记内容。笔记多为教程类，具备效果（解决什么问题）、目标人群、操作步骤三个要素。

比如以"眼影盘用法"为主题，笔记先抛出用户痛点（不知道如何配色），然后引出痒点（眼影画法合集），延伸出"新手入门""可爱元气"

等批量笔记，瞄准学生党进行"种草"。如果是真人出镜的视频笔记，能向用户展现妆前妆后的形象对比，"种草"效果更佳。

除此之外，该品牌还会以"小剧场"的形式来展现产品。以视频笔记《这难道就是传说中的偷心狐妖吗？》为例，笔记内容以"今天改造赤狐盘"为开头，通过画画的形式，将眼影盘配色的高颜值展现得淋漓尽致，视频内容以作画声和背景音乐结尾，让用户能清楚了解产品的同时，增添了视频的趣味性。

该视频笔记发布后，获得了不错的反响。不少用户发表评论，参与互动，关注这款产品。可见，"小剧场"类的笔记内容也拥有很强的"种草力"。

四、K：KOL 投放策略

该品牌在进行广告投放时，并非一味寻求与大牌明星合作，而是侧重投放腰部以下的小众 KOL，其自上而下的投放比例为 1:1:3:46:100:150（明星：知名 KOL：头部达人：腰部达人：初级达人：素人）。

该品牌首先与明星和知名 KOL 合作，营造声势；接着腰部达人和初级达人"跟风"头部达人，营造出所有人都在用该产品的盛况，引导素人"跟风"晒出自己的笔记。可以说，该品牌的爆火是因为很好地利用了"金字塔式"的投放策略，牢牢抓住了人们的"跟风"心理。

在投放的 KOL 群体中，该品牌会优先选择投放多次撰写该品牌笔记的 KOL、最早体验并分享新品的 KOL。多数 KOL 和该品牌的合作次数在 3～6 次，该品牌会反复投放少量高价值的 KOL。在该品牌投放的所有 KOL 中，腰部达人和初级达人的投放效果最好。

五、S：投放节奏（Schedule）

该品牌某月正式推出系列眼影，在美妆界引发大量用户关注。事实上，早在该品牌正式发布产品之前，小红书上就已有相关产品笔记的投放了。下面以该品牌的爆款眼影为例，剖析其投放节奏。

首先是上线前期（产品发布前 1～2 周），该产品在天猫等电商平台上进行预售。多位拥有百万粉丝的小红书博主发布相关产品的笔记内容，使该品牌获得了大量关注。

其次是上线中期（产品发布后半个月内），该品牌官方账号推出相关话题分享、转发抽奖等活动。与此同时，小红书多位博主（粉丝量5万～50万）分享妆容效果、产品测评等笔记内容，产品热度高涨。

最后是上线后期（产品发布后的半个月到一个月内），此阶段小红书的笔记内容主要以化妆教程为主。粉丝量为300～5000的达人会在小红书上通过产品反馈来帮助品牌塑造良好口碑；粉丝量级在5万～50万的达人在小红书上进行相关分享，维持产品讨论热度。

产品发布后的一个半月后，小红书相关产品笔记数量骤降，说明该品牌之后没有进行大量笔记的投放。

至此可以看出该品牌的投放节奏：从前期造势到后期维护运营，该品牌在小红书上共用时一个半月左右。每一阶段的投放策略各有不同，前期预热，中期大批量投放提升热度，后期维持热度。

对于美妆行业的新兴品牌而言，要想在小红书上突出重围，可以参考该品牌的榜样玩法。在小红书上耕耘沉淀，笔记质量和数量齐头并进，打造属于自身品牌的市场影响力。

6.5.2 母婴品牌："产品 + 造势"玩法

小红书是母婴品牌推广及产品营销的必争之地，火箭大数据发布的《小红书2021年度品牌声量榜单》显示，在2021年年度小红书母婴行业品牌声量榜TOP20中，某品牌凭借442.36万的互动量以及4.53万的笔记数量，一跃成为该领域TOP1的品牌。

该品牌是专业孕婴品牌，其主打产前产后妈妈用品和婴童用品，代表产品为哺乳服饰和防辐射服，获得小红书上不少妈妈的认可与好评。

那么该品牌是如何在小红书上爆火的？其在小红书上的哪些榜样玩法值得同行业品牌学习？

一、产品：推爆款单品，提升产品力

在母婴行业竞争激烈的小红书，该品牌聚焦主航道，主推一到两款单品。比如一提到该品牌，不少人都会联想到该品牌旗下的某款哺乳服饰。

在众多产品中，该品牌选择主打这款产品，主要有两点原因。首先是小红书妈妈群体多，对该类产品需求大；其次该款产品质量好，在材料上采用美国进口Supima棉和美国西北部生态竹纤维，具有弹性好、韧性高、抗起球、透气性强等特点，获得欧标Ⅰ级安全认证，能让孕哺期的妈妈享受无痕轻盈、柔软细腻的舒适感。与此同时，该品牌在营销过程中侧重宣传产品的外观优势，戳中不少妈妈的痛点。

凭借卓越的品质和时尚实用的外观设计，该品牌收获了口碑与用户认可，从同类品牌中脱颖而出，赢得万千妈妈的喜爱。

二、造势：明星背书，达人分享

在营销造势上，该品牌与明星、小红书达人合作，在小红书上掀起了跟风潮流。

依旧以该品牌旗下的哺乳服饰为例，该品牌选择与有一定热度、国民形象好、已婚已育的女明星合作，让明星以视频笔记的形式分享自己的真实使用感受，将产品"种草"给用户。比如明星会用《女演员孕期服装分享|在家这样穿最舒服》为标题，以分享的形式引出该品牌的产品。这种明星背书的方式，吸引了不少妈妈的关注。

除此之外，该品牌还会请小红书达人分享产品的使用感受。以该品牌的妈咪包为例，某小红书达人在分享该产品时，笔记文案如下：

升级当妈后，××妈咪包才是真爱。自打宝宝出生，只要外出，就是包不离身。感觉自己像哆啦A梦一样，能从口袋里面变出各种各样的东西。不过哆啦A梦的是口袋，而我的是妈咪包……

通过对具体场景的描述，比如"一手抱着小孩一手找东西""推车遛娃""水杯打翻"等场景，来突出产品收纳合理、设计人性化、布料防水等特性，从而戳中妈妈群体的痛点，吸引消费者购买。

6.5.3 服饰品牌:"定位+内容+引流"玩法

在小红书的服装企业号中,某服饰品牌的营销之路较为顺畅。截至 2022 年 3 月 27 日,该品牌号在小红书企业号排行榜上排名第 9,相关数据如图 6-16 所示。

那么,该品牌究竟是怎么运营才达到如此效果的呢?具体来说,有以下 3 点。

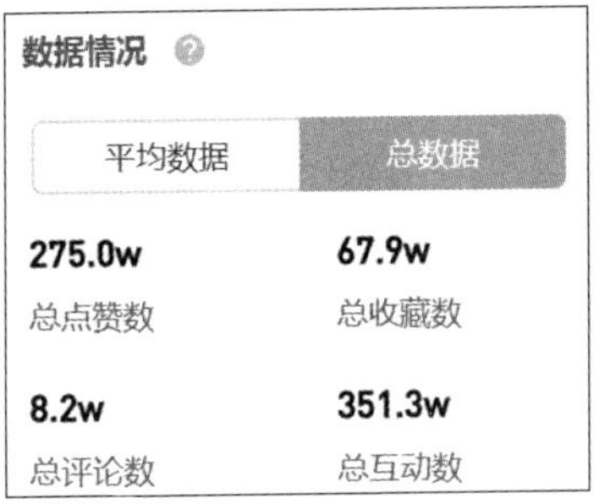

图 6-16 该品牌的企业号在小红书上的相关数据(数据来源:火烧云数据)

一、定位:定位准确,明确目标

服饰行业是个大品类,包含各种各样的品类风格。不同于其他品牌只做一种类型的衣服,该品牌在做用户定位时,扩大了用户群体的范围,致力于做女性大众消费品,因此关注该品牌的女性粉丝较多。因为是做女性服饰,所以该品牌在小红书投放时,会尽量选择与女性博主合作。

品牌在小红书开设账号前要思考一个问题——账号是用来背书还是用来引流?该品牌显然十分明确自己的目标,即通过展示产品的性能、特点,来实现引流和涨粉。有了这种明确的定位及目标,该品牌接下来的营销工作顺利了不少。

二、内容:主动做穿搭内容获取流量

在小红书做营销,获取流量的途径主要有两种:一种是用户搜索关键词(搜索流量),另一种是品牌主动输出内容(内容获取流量)。该

品牌属于自主品牌，不同于其他知名品牌，用户不会在小红书上主动搜索相关内容，再加上该品牌产品种类繁多，如果花大量成本与精力争取搜索流量，往往得不偿失。因此该品牌主动在小红书上做内容，用内容来获取流量，如图 6-17 所示。

为保证内容的输出持续并获取关注，该品牌主要经营穿搭号，以每日不重样的穿搭内容来吸引用户。该品牌有足够的库存支撑每日的不同搭配，能保证高品质内容的持续输出，大大节省了运营成本。

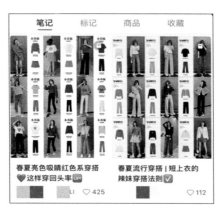

图 6-17 该品牌在小红书上的内容输出

三、引流：通过"GPS"的企业号实现引流变现

小红书对品牌站外引流的要求十分严格，在资料中留微信、淘宝号和其他联系方式的行为都会被平台处罚。

为了将用户引流到淘宝，实现下单变现，该品牌在小红书上设立企业号，并且全渠道采用相同名称。如此一来，用户在小红书上被"种草"后，可以通过品牌号的提示，到淘宝搜索关键词，找到自己喜欢的产品，进而购买产品。

6.5.4 摄影品牌:"场景+反向描述"玩法

在小红书上,截至 2022 年 3 月 27 日,某个人摄影品牌粉丝高达 103.4 万,获赞与收藏数高达 400.8 万。分析该账号在小红书上的玩法,不难发现以下两条规律。

一、以日常拍照场景为主,分享手机摄影技巧

不同于小红书上的专业摄影,该账号以手机摄影为主,通过手机实景拍摄教程,来分享手机摄影技巧。这对于没有专业设备、喜欢拍照的用户群体而言,具有很强的吸引力。

观看其主页,可以发现该个人品牌的笔记内容多以日常拍照场景为主,如《高铁站拍照指南|附调色教程》《元宵汤圆这样拍氛围感满满,赞爆朋友圈》《吃草莓这样拍也太绝了吧|附调色教程》。

笔记内容选题涵盖了日常生活的各种小场景,如果用户正发愁某种场景怎么拍好看,就可以搜索相关内容进行学习。视频内容多为 30 秒左右,用户可以快速学到拍照技巧并快速上手。

二、反向描述,戳中用户痛点

该个人品牌的封面文案以反向描述的形式为主,比如使用《等高铁,就不要学阿姨这样拍了》《你还在拍这么无趣的新年照片吗?》《郁金香,你还在这样拍?》等标题。

该品牌通过反向描述拍照误区,戳中用户痛点,吸引用户观看,然后顺势推出正确的拍照技巧,通过前后对比,来展现摄影魅力,吸引粉丝关注。

比如在《等高铁,就不要学阿姨这样拍了》这篇笔记中,该个人品牌先是给出错误拍照范例,然后讲解正确的拍照技巧,最后展示拍摄效果,如图 6-18 所示。这种反向描述、戳中用户痛点的方式,吸引了大量用户观看与收藏。

图 6-18 反向描述笔记内容

后记

2021年8月,笔者在"秋叶大叔"的公众号发布了一篇标题为《为什么一定要做小红书?》的付费文章,详细解释了为什么现在适合做小红书,收到了用户的热烈反馈,不到一周的时间,付费人数便已经突破了1200人,很多学员看过这篇文章后,都决定尝试运营小红书。

一段时间后,很多学员向笔者反馈,他们按照公众号中提到的一些方法运营小红书的确初见成效,有的还获得了一定的收益,他们向笔者表达感谢的同时,也提出了新的问题,如有一位学员说:"秋叶老师,我虽然已经尝到了运营小红书的甜头,但是我并不满足。您一再强调小红书上有很多发展机会,但是我认为以我现在掌握的知识,还不足以在小红书上赚到更多的钱。"

运营小红书的确是一个长期而系统的过程,想要将小红书打造成"摇钱树",运营者必须具备专业的运营知识,一篇公众号文章所能呈现的内容实在有限,一些新手运营者若只靠一篇文章学习运营,能收获的知识同样有限。而且笔者还发现,目前市面上关于小红书如何运营的图书也寥寥无几,且并没有完全参透小红书的调性,其中提及的一些方法实操性也不够强。

所以笔者觉得,是时候撰写一本和小红书运营相关的图书了。

虽然此前笔者有写作《视频号运营：短视频爆款+电商变现+直播带货+私域引流》和《B站运营：爆款内容+商业变现+品牌营销》这两本书的经验，但因为小红书的调性和微信视频号及B站的调性有很大的区别，因而在创作本书的过程中，笔者还是遇到了不少困难，好在最终都一一解决。

这里要特别提到的是，为了让本书的内容更具有代表性和可读性，也为了增强书中提到的方法论的可实施性，在正式开始写作之前，笔者联系、采访了多位小红书达人，希望了解他们运营小红书的心路历程和具体操作时的思路与方法。非常感谢他们在得知笔者的意图后，十分慷慨地向笔者分享了他们运营小红书的经验。本书中提到的很多操作方法都经过这些小红书达人的核验，实操性非常强，对运营者来讲非常有借鉴意义。

另外，笔者还要重点感谢团队的小伙伴和出版社负责本书审阅、发行的老师们，如果没有他们的鼎力相助，本书的出版不会如此顺利。

为想要入局小红书的人提供一些切实可行的运营方法是笔者的初心，本书中的很多内容都经过了反复的推敲、打磨和验证，目的就是希望所有认真阅读本书的人都能从中获益，成功在小红书上掘金。

中国的互联网时代正在发生着剧烈的变化，没有人能预料到未来具体会发生什么，但是当机会来临的时候，我们应该学会抓住它，正如股神沃伦·巴菲特所说："人生就像滚雪球，最重要的是发现很湿的雪和很长的坡。"

"坡"已经出现了，能不能顺势而为，就看诸位运营者是否能抓住机遇了。

秋叶